The Development History
of Highway Transportation Statistics in China

中国公路运输统计发展史

（2025版）

主　编　王望雄　肖　刚　张译丹

知识产权出版社

全国百佳图书出版单位

—北京—

图书在版编目(CIP)数据

中国公路运输统计发展史:2025版/王望雄,肖刚,张译丹主编.—北京:知识产权出版社,2025.6.—ISBN 978-7-5245-0003-2

Ⅰ.F542.1

中国国家版本馆CIP数据核字第2025BC3325号

内容提要

本书系统梳理了我国公路运输统计的历史演变过程,全面回顾了从初期探索到现代化统计体系建立的各个关键阶段。书中不仅详细记载了行业发展中的重大事件和政策变革,还对各时期主要统计指标进行了权威解读与规范说明,帮助读者准确理解和应用相关数据。全书内容翔实、结构清晰、兼具史料价值与现实指导意义,既反映了数十年来公路运输行业的深刻变迁,也展示了当前统计工作的最新成果与发展动态。

本书适合从事交通运输统计工作的专业人士、政策制定者、学者及高等院校相关专业的学生阅读。

责任编辑:李石华　　　　　　　　　　　责任印制:孙婷婷

中国公路运输统计发展史(2025版)

ZHONGGUO GONGLU YUNSHU TONGJI FAZHANSHI(2025BAN)

王望雄　肖　刚　张译丹　主编

出版发行	知识产权出版社有限责任公司	网　址	http://www.ipph.cn
电　话	010—82004826		http://www.laichushu.com
社　址	北京市海淀区气象路50号院	邮　编	100081
责编电话	010—82000860转8072	责编邮箱	laichushu@cnipr.com
发行电话	010—82000860转8101	发行传真	010—82000893
印　刷	北京中献拓方科技发展有限公司	经　销	新华书店、各大网上书店及相关专业书店
开　本	787mm×1092mm　1/16	印　张	13
版　次	2025年6月第1版	印　次	2025年6月第1次印刷
字　数	180千字	定　价	78.00元

ISBN 978-7-5245-0003-2

编 委 会

主　　编	王望雄　肖　刚　张译丹
副 主 编	杨树明　宋晓丽　王　芳　刘美君
编写顾问	尚赞娣　周　健　于丹阳　季　欣

主要成员　周梦婕　王　屾　张若旗　谭争伟　张皖杉　王　园
　　　　　　李鹏起　张雨希　李昊宇　夏　炎　唐　杰　龚艳丽
　　　　　　刘沁杭　潘绿漪　刘　方　陈建华　段　新　董　静
　　　　　　秦芬芬　武瑞利　李洪囤　刘柳杨　张晓征　路敖青
　　　　　　林成功　李贺华　徐瑞光　陈丹蕾　陈　林　赵敏杉
　　　　　　王　智　任　志　张　瑞　叶劲松　杨艳芳　党欣媛

前　言

　　交通运输是国民经济中具有基础性、先导性、战略性的产业，是服务性行业和现代化经济体系的重要组成部分，是构建新发展格局的重要支撑和服务人民美好生活、促进共同富裕的坚实保障。2023年9月25日，习近平总书记向全球可持续交通高峰论坛致贺信指出："建设安全、便捷、高效、绿色、经济、包容、韧性的可持续交通体系，是支撑服务经济社会高质量发展、实现'人享其行、物畅其流'美好愿景的重要举措。"当前，中国正在推动交通运输高质量发展、加快建设交通强国，交通运输统计工作作为政府统计工作的重要组成部分，也是各级交通运输主管部门实施科学管理的重要手段，必须聚焦行业高质量发展和交通强国建设、不断完善统计指标体系、规范行业统计标准，为行业高质量发展和建设交通强国提供更加有力的科学支撑。

公路交通运输统计是交通运输统计体系中至关重要的有机组成部分，伴随着公路交通事业的兴起而逐步发展。从早期基础数据的艰难收集，到如今运用先进信息技术实现高效、全面的统计、监测及运行分析，这一历程见证了无数统计工作者的辛勤付出与智慧结晶。公路交通运输统计每一组数据的背后、每一次方法的变革与理论的创新，实际上都是公路交通运输行业发展的生动写照。

本书立足公路交通运输统计发展的现状和实际，系统且全面地梳理了我国公路运输统计工作的发展脉络，坚持问题导向，以现行国标、行标、管理规范为依据，以解决日常统计工作中常见的问题为出发点，系统梳理了我国公路运输统计发展历程、主要指标发展脉络，厘清了公路运输主要统计指标的含义及计算方法，并给出了统计实务指导规范，可为行业管理部门和相关统计人员了解统计背景、规范统计行为、提升统计质量提供有效指引。

本书内容总体分为七大部分：一是近代公路运输统计大事记；二是公路运输统计历史沿革；三是历次公路运输统计专项调查；四是历次公路运输统计改革；五是公路运输主要统计指标释义及计算方法；六是公路运输统计实务；七是公路运输统计基础知识与数据质量管控方法。其中，"近代公路运输统计大事记"章节撰稿人主要有王望雄、张译丹、肖刚、唐杰;"公路运输统计历史沿革"
章节撰稿人主要有王望雄、宋晓丽、周梦婕、刘美
君;"历次公路运输统计专项调查"章节撰稿人主
要有段新、武瑞利、董静、王屾、王望雄、张皖杉、李
昊宇、季欣;"历次公路运输统计改革"章节撰稿人
主要有王望雄、宋晓丽、王园、张译丹、肖刚;"公路
运输主要统计指标释义及计算方法"章节撰稿人
主要有张若旗、谭争伟、林成功、陈丹蕾、陈林、赵
敏杉;"公路运输统计实务"章节撰稿人主要有王
望雄、张译丹、王芳、宋晓丽、周梦婕;"公路运输统
计基础知识与数据质量管控方法"章节撰稿人主
要有秦芬芬、李贺华、张雨希、王智、任志、张瑞。

目　录

第一章

近代公路运输

统计大事记

（1）农村公路建设是解决"三农"问题的有效途径，自2003年交通部决定加快农村公路建设以来，先后建成了一大批农村公路项目，对改善农村出行条件、活跃农村经济、促进城乡交流、推动农村经济发展具有积极作用。为全面、准确掌握全国所有乡（镇）和建制村的农村公路通达情况及全国所有农村公路的技术状况，交通部于2005年组织开展了全国农村公路通达情况专项调查，并于专项调查后制定了全国统一的公路通达统计标准，建立了部、省两级全国农村公路通达情况基础数据库，实现了对农村公路建设项目和公路通达情况的动态管理。

（2）改革开放以来，尤其是1983年交通部提出"有路大家行车"之后，我国公路运输市场全面开放，出现了国有、民营和个体等各种经济成分参与公路运输市场的繁荣局面。公路客货运输量快速增长，服务能力明显增强，为我国经济社会发展提供了有力支撑和坚强保障。为摸清全口径公路运输量基数、准确把握结构性和区域性运输量数据，从而能够更加真实和准确地把握我国公路运输行业发展脉搏，推动交通运输业向现代服务业转型，推进综合运输体系的建设，交通运输部于2008年联合组织开展了第一次全国公路运输量专项调查工作。

（3）2011年，《国务院办公厅转发〈统计局关于加强和完善服务业统计工作的意见〉的通知》，要求交通运输部自2012年起，年度报送包括财务统计指标和生产指标在内的服务业统计数据。由于交通运输部长期"重实物量统计、轻价值量统计"，导致反映行业经济贡献和作用的价值量指标缺失，统计工作基础薄弱。面临紧迫的国家工作要求，2013年交通运输部组织开展了交通运输业经济统计专项调查。

（4）2016年3月，交通运输部印发了《交通运输统计发展纲要》，明确提出将推进公路水路交通运输企业"一套表"和联网直报作为"十三五"及今后一段时期内，交通运输统计改革发展的重要抓手和重点任务。2017年4月，交通运输部印发了《公路水路交通运输企业"一套表"联网直报实施方案》（征求意见稿），2017年11月交通运输部办公厅印发了《关于交通运输企业统计实行一套表联网直报工作安排的通知》，明确提出按照"稳步推进、成熟先行、试点示范、逐步推广"的思路，自2018年起先期选择条件相对成熟、行业集中度高的公路客运站、城市客运、港口、海洋运输四大领域推进"一套表"联网直报试点工作。在试点工作试行一年后，于2019年全面推广"一套表"联网直报。

（5）2019年，国家统计局开始尝试在全国推进GDP统一核算改革，并在全国范围内正式开展了第四次全国经济普查数据采集工作。无论是GDP统一核算改革还是全国经济普查工作，对交通运输业的运输量统计体系均会带来新的影响和需求。为更好地服务交通运输行业高质量发展和交通强国建设，配合做好全国第四次经济普查和地区生产总值统一核算改革工作，进一步提高道路货运量统计数据的真实性和准确性，探索建立道路货物运输经营业户统计调查机制，2019年交通运输部在全国范围内组织开展了全国道路货物运输量专项调查工作。本次专项调查聚焦数据的真实性，全面创新调查理念、方法和手段。一是将调查对象由传统的车辆转变为业户，对拥有道路运输经营许可证、依法从事道路货物运输的企业和个体经营业户进行调查，进一步夯实数据质量主体责任。二是采用全面调查和抽样调查相结合的方法，对拥有50辆及以上货运车辆规模以上的企业进行全面调查，对规模以下企业和个体经营户进行抽样调查。三是依托联网直报系统和移动端App采集数据，一数到部、多级监管、全程留痕，全面提高调查效率和保证数据真实性。

（6）2020年11月交通运输部印发《关于进一步完善运输量统计方法的通知》，明确提出道路货物运输量统计方法由"行业主管部门推算"调整为"规上企业全面调查+规下业户波动推算"，其中规模以下业户运输量要利用高速公路车货总重（车货总重×行驶里程）、普通国省道货车交通量等参数波动情况进行推算。公路客运量统计方法由"行业主管部门波动推算"调整为"企业全面调查+个体户推算"。

（7）2023年10月，为全面真实反映全社会人员流动情况，持续深化客运统计改革，不断提高客运统计和运行监测数据的准确性、及时性，更好体现综合交通运输发展实际、更好服务人民群众出行、更好支撑国家GDP核算和行业管理决策，交通运输部印发《客运统计改革实施方案》，打破"营业性"的限制，建立覆盖更加全面、更加符合实际的人员流动量统计体系，既包括铁路、公路、水路、民航营业性客运，也包括公路非营业性出行，同时对公路营业性客运内涵进行了优化完善，营业性公路客运量的统计口径由"班车包车客运量"调整为班车包车客运量、公共汽电车城际城乡客运量和出租汽车（含巡游出租汽车、网络预约出租汽车）城际城乡客运量。

（8）2024年3月，为有力促进投资和消费，国务院印发《推动大规模设备更新和消费品以旧换新行动方案》，该《方案》提出实施设备更新、消费品以旧换新，支持公路交通运输设备更新，开展汽车以旧换新。为深入贯彻落实中央经济工作会议、中央财经委员会第四次会议、国务院常务会议精神和《国务院关于印发〈推动大规模设备更新和消费品以旧换新行动方案〉的通知》（国发〔2024〕7号）、《国家发展改革委　财政部印发〈关于加力支持大规模设备更新和消费品以旧换新的若干措施〉的通知》（发改环资〔2024〕1104号）、《交通运输部等十三部门关于印发〈交通运输大规模设备更新行动方案〉的通知》（交规划发〔2024〕62号）等文件部署要求，加快推进交通运输设备更新和老旧营运柴油货车报废更新工作，相继出台了《交通运输部　财政部关于实施老旧营运货车报废更新的通知》（交规划发〔2024〕90号）、《交通运输部办公厅　公安部办公厅　财政部办公厅　商务部办公厅关于进一步做好老旧营运货车报废更新工作的通知》（交办运〔2024〕44号）等文件。为准确掌握全国交通运输大规模设备更新情况，交通运输部自2024年9月起开展了有关大规模设备更新的统计工作。

第二章

公路运输

统计历史沿革

第一节　公路运输统计体系历史沿革

一、初步建立公路运输统计体系（1949—1958年）

1949年，中央人民政府政务院财政经济委员会在计划局内设立统计处，开启了政府统计历史新篇章。1952年8月，中央人民政府成立国家统计局，开始建立全国集中统一的统计管理体制，其中涵盖了交通等各领域的统计工作。1953年1月8日，政务院发布《关于充实统计机构加强统计工作的决定》，成为新中国政府统计工作的第一份纲领性文件。1954年9月，原中央人民政府交通部改为中华人民共和国交通部（以下简称"交通部"）。1954年11月，国务院设立了中国民用航空局，作为国务院直属机构，早期的中国民用航空局属军委系统建制，此后的几年里，中国民用航空局曾一度被改为交通部的部属局。交通部成立后，设立了公路运输统计机构并配备了专职统计人员。这一时期，逐步建立和完善了公路运输统计报表制度，初步形成了全国统一的公路运输统计报表体系。公路运输统计工作为国民经济的恢复和发展提供了大量数据资料，发挥了重要基础性作用。

二、公路运输统计工作在曲折中发展（1958—1978年）

1958年"大跃进"开始后，高指标、浮夸风盛行，公路运输统计工作遭受重大挫折。1962年中共中央、国务院发出《关于加强统计工作的决定》，1963年国务院颁布《统计工作试行条例》，为恢复公路运输统计工作的真实准确、加强统计工作的集中统一领导，奠定了坚实基础，创造了有利条件。1962年4月，中国民用航空局从交通部分出来，改为国务院直属局，名称也改为中国民用航空总局。交通部是交通统计工作的重要承担者，1963年4月其内部机构调整，成立了公路工程管理局、公路总局等，掌管全国公路工程建设及养护、汽车运输和公路交通工业等工作,也包括对公路运输相关数据的统计和管理。1966年开始的"文化大革命",使统计工作再次受到严重冲击,国家统计局及各级统计机构被撤销,大批统计人员下放"干校"劳动,公路运输统计工作亦受到严重影响。1969年11月,铁道部、交通部和邮电部的邮政部分机构合并,成立了新的交通部。1970年,周恩来总理指示统计工作不能取消。1971年,基本统计制度逐步恢复。1973年3月,经中共中央批准,邮政部分从交通部划出。1975年1月,交通部又被拆分为铁道部和交通部。1974年,国家计委设立"统计局",部分地方统计机构也先后恢复,公路运输统计也逐步恢复。1975年,以"中华人民共和国国家统计局"的名义在北京召开统计工作座谈会,为全面恢复统计工作进行先期谋划,公路运输统计迎来了全面恢复机遇。

三、公路运输统计事业迅速恢复(1978—1992年)

1978年在党和国家发展历程中是一个伟大转折,党的十一届三中全会作出把党和国家工作重心转移到经济建设上来,实行改革开放的历史性决策。1979年国务院发布了《国务院关于加强统计工作充实统计机构的决定》(国发〔1979〕248号),在"文化大革命"中受到严重冲击的中国统计事业重回正常轨道。统计部门积极适应国家现代化建设的需要,努力转变统计调查工作方向,不断调整工作机制和模式,进入快速发展阶段。这一时期,统计工作以为社会主义现代化建设服务为着重点,重新确立了我国"统一领导、分级负责"的统计管理体制,1983年正式颁布中华人民共和国第一部统计法律《中华人民共和国统计法》,1984年国务院发布《关于加强统计工作的决定》,1987年国家统计局发布《中华人民共和国统计法实施细则》,1991年国家统计局发布《统计违法案件查处工作暂行规定》,统计调查制度、发布制度迅速恢复并进一步发展完善,统计服务水平显著提高,统计法治化建设有力推进,统计工作社会影响日益扩大,各项统计改革和建设全面推进,为推动统计工作现代化奠定了坚实基础。

公路运输统计作为政府统计的重要组成部分,在1978—1992年这一阶段得到了全面恢复。这一阶段交通部设有专门的统计机构负责全国公路交通统计工作,如计划司等部门承担着相关统计职责,负责制定公路交通统计的制度、方法,组织协调全国公路交通统计调查工作,汇总分析全国公路交通统计数据等,为国家公路交通规划和决策提供依据。此外,1978—1992年,公路运输统计工作规范程度也得到了不断提升。1982年交通部颁发了《公路运输统计指标及计算方法规定》(1982交计字〔916〕号),该《规定》自1983年1月1日起施行,旨在统一、规范公路运输统计指标含义、范围口径、计算方法,以提高统计数字质量;1983年5月26日交通部印发了《关于汽车货物运输质量指标统计和考核的具体规定(试行)》,该《规定》自1983年7月1日起施行,规定了汽车货物运输质量指标统计的考核标准、统计范围、统计口径等内容,为汽车货物运输质量统计工作提供了具体的操作规范;1983年6月7日交通部颁发了《公路里程和公路养护统计指标及计算方法的规定》(试行)(交公路字1048号),该《规定》明确了公路里程和公路养护的统计标准。

四、公路运输统计体系全面转轨(1992—2002年)

邓小平南方谈话和党的十四大后,我国加快改革开放和现代化建设步伐,确立了社会主义市场经济体制的改革目标,统计工作环境和需求发生重大变化,迫切要求建立与基本国情和社会主义市场经济体制相适应的统计调查体系。这一时期,统计部门不断解放思想,坚决破除计划经济时期形成的统计思维定式,坚持"一靠科技、二靠法制、归根结底靠人才"的统计战略方针,加快统计改革和统计现代化建设步伐,奋力推进我国统计调查体系和方法制度改革,逐步确立了以周期性普查为基础、以经常性抽样调查为主体的统计调查方法体系,大力推进统计信息技术的应用,不断拓展和延伸统计服务的深度和广度,初步建立起适应社会主义市场经济体制的统计体系,为21世纪统计事业的更快发展奠定了坚实基础。这一阶段,公路运输统计体系全面转轨。1992年5月21日,交通部发布《公路里程和公路养护统计指标及计算方法的规定》,该

《规定》明确了公路里程和公路养护统计的各项指标及计算方法,包括公路里程统计指标、公路养护统计指标、公路养护管理机构及人员与劳动生产率统计、公路养护机械统计、公路养护工程成本指标统计等,为公路里程和养护统计工作提供了具体的标准和规范。1992年7月21日,交通部、国家统计局联合颁布《公路、水路运输全行业统计工作规定》,该《规定》自1992年10月1日起施行,规定了统计范围、实施方式、相关部门职责等内容,其目的是科学、有效地组织公路、水路运输全行业统计,完善运输行业管理基础工作等。

五、公路运输统计迈向新时代(2002年至今)

2002年以后,公路运输统计走向了蓬勃发展,建立健全了《交通运输综合统计调查制度》《农村公路基础设施统计调查制度》《公路养护统计调查制度》《收费公路统计调查制度》《道路运输统计调查制度》等多项与公路运输有关的统计报表制度,统计内容不断增多,统计数据更加贴合管理需求,同时出台了《中华人民共和国公路法》《中华人民共和国公路管理条例》《收费公路管理条例》《关于加强和完善交通运输统计工作的意见》《交通运输统计管理规定》等多项与公路运输统计相关的法规制度,公路运输统计的制度化、规范化、法治化水平不断提升。统计机构职能方面,2008年3月23日,根据十一届全国人大一次会议审议通过的《国务院机构改革方案》,组建中华人民共和国交通运输部,整合了原交通部、原中国民用航空总局的职责及原建设部指导城市客运的职责,并负责管理国家邮政局和新组建的中国民用航空局。2013年和2018年交通运输部又经历了两次职责编制调整。从历次机构改革结果看,公路行业管理及统计的这块职责一直归属交通运输部,交通运输部"三定"方案(国办发〔2009〕18号)明确交通运输部承担"指导交通运输信息化建设,监测分析运行情况,开展相关统计工作,发布有关信息"职责,此后该项职责再无变化。

第二节　公路基础设施统计历史沿革

一、公路里程统计历史沿革

20世纪50年代,公路里程统计主要依靠人工测量和记录。对于新建公路,有专门的工程测量人员在公路建设过程中进行长度的测定。他们一般使用传统的测量工具,如钢尺、皮尺等进行实地丈量。对于已有的公路,统计部门组织人员沿着公路路线,按照一定的路线走向,分段进行测量。例如,从公路的起点开始,以每一段相对直线路段或者以标志性的路段节点(如经过的城镇边界、桥梁两端等)为界,逐段相加来计算公路总里程。对于公路里程的界定,在20世纪50年代主要考虑的是能够通行汽车的道路。一些简易的乡村道路如果不能保证汽车正常通行,通常不会计入公路里程统计范围。同时,公路里程统计是按照实际的道路中心线长度来计算的。对于有分支线路的公路,会分别统计各分支线路的长度,并与主干道长度相加。

相比20世纪50年代,20世纪60年代虽仍以人工实地测量为主,但测量工具更加精确和多样化。除传统的钢尺、皮尺外,开始使用更先进的光学测量仪器,如经纬仪、水准仪等,用于测量公路的水平和垂直角度,以更准确地计算公路的长度和坡度等,这些仪器特别是在山区公路的测量中发挥了重要作用。20世纪60年代对公路等级进行了进一步的细化和明确,根据公路的使用功能、交通流量、技术标准等因素,将公路分为国道、省道、县道、乡道等不同等级。在统计公路里程时,按照不同等级分别进行统计和汇总,以便更准确地反映公路网络的结构和规模。在计算公路里程时,除公路的主体路段外,开始将公路桥梁、隧道、渡口等附属设施的长度纳入统计范围。对于桥梁和隧道,按照其实际长度计入公路里程;对于渡口,则根据渡口的宽度和使用情况,按照一定的换算方法计入里程统计。对于新建公路,严格按照竣工验收时的实际里程进行统计，从公路的起点到终点，包括所有的分支线路和连接线等。对于公路的改建工程，如果只是对路面进行翻新或局部拓宽等，不改变公路的总体走向和长度，则不重新计算里程；但如果涉及路线的改线、延长或缩短等情况，则需要重新进行测量和统计。

20世纪70年代至80年代，公路里程统计仍大量使用钢尺、皮尺等传统测量工具进行实地丈量。在测量时，测量人员会沿着公路中心线，以一定的间隔设置测量点，逐段测量并记录长度，然后汇总得到公路的总里程。对于一些山区或地形复杂的公路路段，还会使用经纬仪、水准仪等光学仪器辅助测量，以确定公路的坡度、弯道半径等参数，进而更准确地计算公路里程。这一时期，随着航空摄影测量和遥感技术的发展，部分地区开始尝试利用这些新技术进行公路里程统计。通过航空摄影获取公路的影像资料，然后在室内利用专业的测量设备和软件对影像进行分析和处理，解译出公路的位置和走向，并测量其长度。这种方法不仅可以提高测量效率，还能减少野外作业的工作量和难度。统计公路里程时，严格按照公路的实际技术等级进行分类统计，只有达到相应等级标准的公路才纳入统计范围。对于等外路，在1979年第一次全国公路普查时已划定列入公路里程的，仍继续统计，但自1980年以后新增加的不符合标准的公路里程，则不再予以统计和上报。新建公路在竣工验收时，由专业的测量人员按照规定的测量方法进行里程测量，并将测量结果作为公路里程的初始统计数据。对于公路的改建工程，如果涉及路线的改线、延长或缩短等情况，会在工程完工后重新进行测量和统计；如果只是对路面进行翻新、局部拓宽或维修等，不改变公路的总体走向和长度，则不重新计算里程，但会在公路档案中记录相关的改造情况。

20世纪90年代，按照交通部《公路工程技术标准》(JTJ 01—1988)规定的技术等级的公路进行统计，包括大、中城市的郊区公路及公路穿过小城镇（指县城、集镇）街道部分的里程数和桥梁长度、渡口的宽度，以及分期修建的公路已验收交付使用的里程，但不包括大、中城市街道，国、省干线断头路里程，农业生产用道路及新建公路尚未进行验收交付使用的路段里程。公路里程按公路行政等级分为国家干线公路、省级干线公路、县级公路、乡级公路及专用公路等，国道与省道重复的路段里程计入国道里程数，国道与国道或省道与省道重复的路段里程则计入路线编号较小的国道或省道里程数。在实地测量中，继续使用钢尺、皮尺等传统测量工具，但测量精度和效率有所提高。同时，经纬仪、水准仪等光学仪器的应用更加广泛和成熟，能够更准确地测量公路的坡度、弯道半径等参数，从而更精确地计算公路里程。对于一些特殊地形或复杂路段，还会采用全站仪等先进的测量仪器进行测量，进一步提高测量的准确性和效率。航测与遥感技术在20世纪90年代得到了更广泛的应用和深化发展，通过高分辨率的航空摄影和卫星遥感影像，能够获取更清晰、更全面的公路信息，利用专业的图像处理软件和地理信息系统（GIS）技术，可以对影像进行精确的解译和分析，不仅能够测量公路的长度，还能获取公路的宽度、路面状况、附属设施等详细信息。

2000—2004年，按照交通部《公路工程技术标准》（JTJ 001—1997）规定的技术等级的公路进行统计，包括大、中城市的郊区公路，以及公路穿过小城镇（指县城、集镇）街道部分的里程数和桥梁长度、渡口的宽度及分期修建的公路已验收交付使用的里程，但不包括大、中城市街道，厂矿、林区内部生产用道路，农业生产用道路及新建公路尚未进行验收交付使用的路段里程。公路里程按公路技术等级标准分为高速公路、一级公路、二级公路、三级公路、四级公路；按公路行政等级分为国家干线公路（国道）、省级干线公路（省道）、县级公路、乡级公路以及专用公路。

2005年交通部启动了全国农村公路通达情况专项调查，专项调查的标准时点为2005年12月31日。这次专项调查首次将村道纳入统计，统一采用GPS技术手段，对县、乡、村道里程、线位、线形及主要控制点、公路通达点、建制村控制点（如村口、村委会、村小学等）进行测量、确定。

2006年以后，严格按照交通部《公路工程技术标准》（JTG B01—2003）所规定的各等级公路进行统计,包括高速公路、一级公路、二级公路、三级公路、四级公路、等外公路,国道、省道、县道、乡道、村道、专用公路。统计范围涵盖大、中城市的郊区公路及公路穿过小城镇(指县城、集镇)街道部分的里程数和桥梁长度、渡口的宽度及分期修建的公路已验收交付使用的里程,但不包括大、中城市街道,厂矿、林区内部生产用道路,农业生产用道路及新建公路尚未进行验收交付使用的路段里程。对于重复路段,如国道与省道重复的路段里程计入国道里程数,国道与国道或省道与省道重复的路段里程则计入路线编号较小的国道或省道里程数。目前,全站仪、GPS接收机、激光测距仪等高精度测量仪器已经在统计中得到更为广泛的应用,测量精度进一步提高。全站仪可以自动计算并显示出测量点的三维坐标和距离,通过在公路沿线设置多个测量点,能够快速、精确地测量出公路的长度和曲线要素;GPS接收机则利用卫星定位系统,获取公路的空间坐标信息,不仅可以测量公路的里程,还能对公路的路线走向、地形地貌等进行全面的测绘和记录;激光测距仪则在一些短距离测量和精度要求极高的部位发挥重要作用。新建公路在竣工验收时,由专业的测量单位使用高精度测量仪器按照规定的测量方法进行里程测量,并将测量结果作为公路里程的初始统计数据录入公路数据库。对于公路的改建工程,如果涉及路线的改线、延长或缩短等情况,在工程完工后重新进行测量和统计;如果只是对路面进行翻新、局部拓宽或维修等,不改变公路的总体走向和长度,则不重新计算里程,但会在公路档案中记录相关改造情况。

二、公路桥梁统计历史沿革

20世纪50年代,公路桥梁统计主要是由交通部门负责组织实施,主要统计桥梁的名称、位置(所在公路名称、起止点等)。基层交通管理单位(如县级交通局)会对辖区内的公路桥梁进行初步统计,他们会派遣工作人员沿着公路路线对每一座桥梁进行登记。20世纪50年代,公路桥梁主要有梁式桥、拱桥、钢架桥等。对于桥梁长度、跨度等数据,主要依靠人工实地测量,工作人员会使用钢尺等工具,沿着桥梁的中心线或者桥孔进行测量,在测量跨度时,需要准确测量相邻桥墩或者桥台之间的距离。对于新建的公路桥梁,在竣工时会进行详细的验收测量和数据记录。

20世纪60年代,交通部负责全国公路桥梁统计工作的统筹规划和组织协调,各省、自治区、直辖市交通厅(局)负责本地区公路桥梁的具体统计工作,组织下属的公路管理部门和基层单位开展数据收集和初步汇总。县一级的交通管理部门则负责对辖区内的每一座公路桥梁进行实地调查和数据记录,然后将数据层层上报。20世纪60年代的公路桥梁主要有梁桥、拱桥、刚架桥、悬索桥等。统计内容包括桥梁的名称、所在位置、跨越的河流或山谷名称、建成时间和孔数、设计荷载、实际承载能力,以及跨径、桥长、桥宽等尺寸数据。主要靠人工实地测量。工作人员携带测量工具,如钢尺、水准仪、经纬仪等,对桥梁的各项尺寸进行实地测量,对于桥长,从桥梁的一端桥台到另一端桥台进行测量;对于跨径,测量相邻桥墩或桥台之间的距离;对于桥梁的高度和宽度,在不同位置进行多点测量取平均值。

20世纪70年代至90年代,公路桥梁的统计方法在继承前期的基础上有所发展和完善,依然由交通部统一领导和规划全国的公路桥梁统计工作,制定统计标准和要求。各省、自治区、直辖市交通厅(局)负责组织实施本地区的统计工作,将任务层层分解到地、县等基层交通管理部门。基层部门负责实地调查和数据收集,然后逐级汇总上报,最终由省级交通部门审核后上报至交通部。统计内容除桥梁的名称、位置、建成时间等常规信息外,还会记录其所属的公路等级和路线编号等。这一时期,详细统计桥梁的结构类型,梁桥、拱桥、刚架桥、悬索桥等进一步细分到具体的形式,如梁桥分为简支梁桥、连续梁桥、悬臂梁桥等;拱桥分为石拱桥、钢筋混凝土拱桥、钢管混凝土拱桥等;准确测量和记录桥梁的长度、跨度、桥宽、桥高、孔径等尺寸数据;新增对桥梁设计荷载标准的精确记录,如汽车-20级、挂车-100等。有关公路桥梁的测量工具更加多样化和精确化,除钢尺、水准仪、经纬仪外,还可使用全站仪等先进仪器,提高测量的精度和效率。

2000 年以后,公路桥梁的统计在继承以往经验的基础上,随着技术的进步和管理的精细化,有了更系统、科学和全面的方法。这一阶段,交通部及各级交通管理部门仍然是统计工作的核心组织者和领导者,负责制定统一的统计标准、规范和工作流程,并进行监督和指导;同时,与其他相关部门如统计部门、建设部门、公安交通管理部门等加强协同合作,实现数据共享和交叉验证。随着信息技术的发展,逐渐建立了全国性的公路桥梁管理信息系统,基层交通部门通过现场勘查和数据采集后,直接将数据录入系统,实现了数据的实时更新、汇总和分析,大幅提高了统计工作的效率和准确性。统计内容方面,除传统的桥梁名称、位置、建成时间、所属公路路线等基本信息外,还增加了更多的细节,如桥梁的地理位置坐标、海拔、所在行政区域等。对于跨越重要河流、山谷或特殊地形的桥梁,还会记录其地理环境和水文地质等相关信息。进一步细化桥梁结构类型的分类统计,如梁桥会详细到预应力混凝土梁桥、钢—混凝土组合梁桥等;拱桥会细分到钢管混凝土拱桥、劲性骨架混凝土拱桥等;同时,对桥梁的跨度、桥宽、桥高、孔径等尺寸数据的测量精度要求更高,并且增加了对桥梁结构的一些关键技术参数的统计,如桥梁的抗震等级、抗风设计标准等。随着技术手段的不断提升,基层交通部门会定期组织专业技术人员对桥梁进行实地勘查,使用全站仪、GPS 接收机、三维激光扫描仪等先进的测量仪器,对桥梁的几何尺寸、结构变形等进行高精度的测量。对于大型和特大型桥梁,还会利用卫星遥感、无人机测绘等先进技术手段进行辅助测量和监测,获取更全面、准确的桥梁信息。

三、公路隧道统计历史沿革

20 世纪 50 年代,我国公路隧道建设尚处于起步阶段,统计方法简单,主要依靠专业技术人员进行实地勘查,对隧道的位置、起止点、所在公路线路名称等基本信息进行人工记录。例如,详细记录隧道位于哪条公路的具体路段,以及该路段的起止里程桩号等。20世纪50年代隧道测量工具较为简陋,如使用皮尺、钢尺等测量隧道的大致长度、宽度和高度等基本尺寸。

20世纪60年代,统计公路隧道有关情况时,主要由专业的公路交通部门工作人员或技术人员进行实地勘查,对隧道的基本信息如位置、名称、所在公路线路、起止点里程桩号等进行详细记录。同时,会观察隧道的洞口形式、衬砌类型等外观特征,并记录下来。例如,采用"××隧道位于××公路××公里至××公里处"形式,记录隧道位于某条山区公路的具体路段,以及该路段的起止里程。这一时期隧道测量工具依然较为简陋,如使用皮尺、钢尺、水准仪等测量隧道的长度、宽度和高度等基本尺寸。

20世纪70年代至90年代,公路隧道的统计方法在之前的基础上进一步发展和完善。专业技术人员会进行更全面深入的实地勘查,除基本信息外,还会详细记录隧道的地质构造、岩石特性、地下水文情况等。例如,详细描述隧道穿越的地层岩性,如花岗岩、石灰岩等,以及地下水的水位、水量、水质等对隧道结构可能产生的影响。同时,对隧道的洞口形式、衬砌类型、支护结构等外观特征进行更细致地观察和记录。在测量工具方面,除传统的皮尺、钢尺、水准仪、经纬仪外,开始使用全站仪等更先进的测量仪器,能够更精确地测量隧道的长度、宽度、高度、坡度、曲率等几何参数。对于隧道的长度测量,会考虑隧道的曲线段和坡度变化,采用分段测量后进行精确计算的方法;宽度和高度则会在隧道内选取更多具有代表性的位置进行测量,并计算平均值和标准差等统计量,以更准确地描述隧道的尺寸特征。

2000年以后,公路隧道的统计方法随着技术的发展和管理需求的提高而不断完善,可以利用全站仪、激光测距仪等高精度测量仪器,精确测量隧道的长度、宽度、高度、净空面积等尺寸。对于特长隧道和复杂地形隧道,还可采用三维激光扫描技术,获取隧道的三维空间模型,以便更准确地计算和分析隧道的特征。统计内容包括隧道的名称、位置、所在公路等级和路线名称、起止里程桩号、建设年代、设计单位、施工单位等。

第三节　公路运输装备统计历史沿革

一、公路旅客营运车辆统计历史沿革

(一)中华人民共和国成立初期到改革开放前

在改革开放以前,公路旅客营运车辆主要由交通管理部门负责统计,统计内容包括车辆型号、品牌、座位数、车辆类型、运营线路、运营班次。统计方式主要有两种。

(1)登记统计。主要依靠各地交通管理部门进行手工记录,车辆所有人在购买车辆后,需到当地交通管理部门进行登记,登记内容包括车辆的基本信息、车辆所有人信息等,交通管理部门通过建立纸质档案来统计公路载客车辆数量和基本情况。

(2)实地调查。工作人员定期或不定期到客运站、运输公司等场所,对运营的载客车辆进行实地清点和信息核对,记录车辆的类型、座位数等数据。对于车辆的基本信息,如型号、座位数等,通过查看车辆的铭牌、行驶证等证件进行记录;对于运营线路和班次,主要是查看运输企业的调度计划和车站的发车时刻表。

(二)改革开放后到21世纪初

这一阶段,建立了基于营运车辆登记管理的统计方法,交通管理部门建立了完善的公路旅客营运车辆登记制度,要求所有从事公路旅客营运的车辆必须进行登记注册,登记内容包括车辆的基本信息,如车辆型号、座位数、车辆识别代码、发动机号、车辆所有人信息、运营资质等,形成了全面的车辆登记数据库,主要有三种统计方式。

(1)报表统计。运输企业需定期向交通管理部门报送车辆运营报表,报表内容涵盖车辆数量、类型、座位数、运营线路、班次、客运量、旅客周转量、运营收入等详细信息。交通管理部门收到各运输企业的报表后,进行汇总和分析。一方面,对车辆数量、运力分布等基本情况进行统计,了解行业的整体规模和结构;另一方面,通过对客运量、旅客周转量等运营数据的分析,掌握公路旅客运输的市场需求和发展趋势,为行业规划和政策制定提供依据。

(2)抽样调查辅助。在一些地区开始采用抽样调查的方法,选取部分有代表性的线路、企业或站点,对载客车辆进行详细调查,根据样本数据推算总体情况,以弥补全面统计的不足,提高统计效率和准确性。

(3)计算机初步应用。部分交通管理部门开始使用计算机进行数据处理和存储,将纸质报表数据录入计算机,利用简单的数据库软件进行管理和分析,提高了统计工作的效率和数据的准确性。

(三)21世纪以来

21世纪以来,公路旅客营运车辆的统计方法在传统基础上不断优化和创新,主要有以下几种统计方式。

(1)报表统计。运输企业使用专业的统计软件或系统进行数据收集和整理,定期向交通管理部门报送详细的统计报表,报表内容除车辆数量、类型、座位数等基本信息外,还包括运营线路、班次、客运量、旅客周转量、运营收入、成本支出等运营数据。

(2)抽样调查与推算。从不同地域、企业规模、车辆类型等多个维度,采用分层抽样、多阶段抽样等抽样方法,抽取一定数量的样本车辆进行调查。通过对样本车辆的详细调查,获取车辆的运营情况、载客率、实载率、平均行驶里程等数据,然后利用统计学方法对总体进行推算。同时,采用多种方法进行验证,如与历史数据对比、与其他相关指标进行关联分析、与全面调查结果进行对比等,确保推算结果的准确性。

(3)利用现代信息技术进行统计。

①利用信息管理系统生成统计数据。交通运输部建立了全国性的公路运

输管理信息系统,运输企业和管理部门通过网络将车辆登记、运营等信息实时录入系统,实现了数据的集中管理和共享。系统可自动对数据进行分类、汇总和分析,生成各种统计报表和图表。各地也建立了本区域的运政管理信息系统,利用系统和平时业务审批记录生成统计数据。

②利用电子标签与传感器技术生成统计数据。在车辆上安装电子标签,通过在道路关键节点设置的读卡器,可自动识别车辆信息并记录车辆的通行情况,结合传感器技术,还能获取车辆的运行状态、载客人数等实时数据,为统计工作提供更准确和详细的信息。

此外,随着大数据、云计算、AI等现代信息技术的不断发展,利用大数据技术对海量的公路载客车辆数据进行挖掘和分析,可发现车辆运营的规律和趋势,利用AI人工智能技术可对数据进行智能审核和异常检测,提高数据质量。

二、公路货物营运车辆统计历史沿革

(一)中华人民共和国成立初期到改革开放前

在改革开放以前,公路货物营运车辆主要由各级交通管理部门负责统计,统计内容包括车辆型号、类型(普通载货汽车、自卸货车等)、载重量、车辆动力类型、运营线路(起点、终点、途经站点)、运输货物种类等,统计方式主要有两种。

(1)手工登记与报表。各地交通管理部门和运输企业建立手工台账,详细记录每辆货运车辆的基本信息,如车型、载重、车辆所有人等。运输企业定期向交通管理部门报送包含货运车辆数量、运输任务完成情况等内容的统计报表。

(2)实地清点与估算。工作人员到货运站场、企业仓库等场所,对货运车辆进行实地清点和信息核对,包括查看车辆的铭牌、行驶证等证件来获取车辆的基本信息,如型号、载重量等。对于个体运输户和分散的货运车辆,通过典型调查和经验估算的方式,推算其拥有的货运车辆数量和运输能力。

（二）改革开放后到21世纪初

改革开放后,有关公路货物营运车辆的统计不断完善,统计方法和手段也得到了改进,主要有以下三种统计方式。

（1）采用统计报表全面统计。这一阶段,统计制度得到了不断完善,交通管理部门进一步细化统计指标,增加了车辆技术等级、燃料消耗等统计内容,使统计数据能更全面地反映公路货运车辆的状况和运营情况。

（2）抽样调查为主。通过科学抽样,选取有代表性的运输企业、线路和区域进行深入调查,根据样本数据推算总体情况。同时,结合重点调查,对大型运输企业和重点货运线路进行详细统计,以补充抽样调查的不足。

（3）计算机辅助统计。这一阶段,交通管理部门和大型运输企业开始使用计算机进行数据处理,运用简单的数据库管理系统,实现数据的录入、存储、查询和初步分析,提高了统计工作效率和数据准确性。

（三）21世纪以来

21世纪以来公路货物营运车辆主要通过以下几种方式进行统计。

（1）报表统计。运输企业按照规定的格式和时间要求,向当地交通运输管理部门报送统计报表。报表内容包括货运车辆的型号、车牌号码、核定载重量、车辆所属单位等基本信息,运输线路、货物种类、运输量、周转量、运营收入、成本支出等运营情况,以及新增、报废、转让等车辆变动情况。

（2）抽样调查与推算。从不同地域、企业规模、车辆类型等多个维度,采用分层抽样、多阶段抽样等抽样方法,抽取一定数量的样本车辆进行调查。例如,先按照地区将运输企业分为不同层次,再在各层中随机抽取一定比例的企业,然后从抽取的企业中随机抽取样本车辆;也可以结合车辆的吨位、车型等因素进行分层抽样,以确保样本的代表性。通过对样本车辆的详细调查,获取车辆的运营情况、货运量、平均运距等数据,然后利用统计学方法对总体进行推算。同时,采用多种方法进行验证,如与历史数据对比、与其他相关指标进行关联分析、与全面调查结果进行对比等,确保推算结果的准确性。

（3）利用现代信息技术进行统计。

①利用信息化系统统计:建立全国性的道路运输管理信息系统,涵盖车辆注册登记、运营许可、运输生产等各个环节,运输企业和管理部门实时将货运车辆的相关信息录入系统,系统自动进行数据汇总、分析和报表生成。

②电子数据采集:利用高速公路收费系统、ETC系统、治超站称重系统等,自动采集货运车辆的通行信息、载重信息等。在货物集散地、物流园区等场所安装电子地磅、车辆识别设备等,准确获取货运车辆的载货量、进出时间等数据。如高速公路收费系统记录了大量的车辆通行信息,包括车辆的类型、车牌号码、通行时间、行驶里程、收费金额等,通过对高速公路收费数据的挖掘和分析,可以获取公路货物营运车辆的运输流量、流向、货物周转量等统计信息,也可以根据车辆的通行记录,统计不同地区之间的货物运输量和运输方向,分析货物运输的主要通道和热点区域。

此外,随着大数据、云计算、AI等现代信息技术的不断发展,借助大数据技术整合多源数据,可以挖掘货运车辆的运行规律、运输需求分布等信息,运用人工智能技术可对数据进行清洗、审核和异常检测,自动识别虚假数据和异常运输行为,提高数据质量。

第四节　公路运输量统计历史沿革

我国公路运输量统计工作经历了从"企业调查—工具调查—业户调查"的演变,总体来看可以分为四个阶段:计划经济体制下基于经营企业统计的全面调查、市场经济条件下基于运输工具统计的定期抽样调查、基于运输工具的周期性专项调查+波动系数推算、基于公路运输经营业户的分类统计。从调查对象和流程方法来看,第一阶段和第四阶段可以认为是基于业户的调查,调查对象是从事运输经营业务的经营业户。第二阶段和第三阶段是基于运输工具的调查,调查对象是单个车辆。

一、计划经济体制下的全面调查

中华人民共和国成立初期实行集中的计划经济体制,为了加强行业管理,建立了"集中统一、分级管理、政企合一"的管理体制,按照把公路纳入国家计划的要求,对运输市场实行"统一计划、统一货源、统一运价"的"三统一"管理。这一阶段,公路运输得到了平稳的发展,全国民用汽车拥有量分别从1950年的5.43万辆发展到1980年的178.29万辆,平均年增5.76万辆,全国公路营运汽车拥有量从1950年的2.63万辆发展到1980年的19.95万辆,平均年增0.58万辆。

在中华人民共和国成立初期,由于实行集中的计划经济体制,从事公路运输的仅是交通部门内的国有运输企业,没有私人及城乡个体(联户)运输车辆。运输生产活动采用统一的"运单"进行管理,因此可以采用全面调查方法,通过执行统一的统计报表制度,从各公路运输企业准确地获得运输量统计数据。

二、市场经济条件下的抽样调查

改革开放以后,我国的社会主义市场经济开始发展,经济建设突飞猛进,给公路水路运输的发展开辟了广阔的天地。特别是1983年交通部提出了"有河大家行船,有路大家走车"的方针之后,公路运输市场逐步向社会开放,打破了长期以来独家经营的封闭式的运输管理体制,各种社会力量纷纷进入运输市场,出现了国营、集体、合营、个体等多种经济成分竞相参与的局面。除交通部门以外的其他行业及部门加大了运输力量的投入,逐步发展成为运输市场的一支主要力量。全国民用汽车拥有量分别从1980年的178.29万辆增加到2012年的10 933.09万辆,平均年增336.09万辆,全国公路营运汽车拥有量从1980年的19.95万辆增加到2012年的1 339.89万辆,平均年增41.25万辆。期间非交通部门的运输工具从无到有,得到了迅速发展,为缓解中国改革开放后总运输力量紧张的矛盾,搞活流通,并在促进国民经济的增长上起到了重要作用。

随着运输市场的经营方式由计划经济向市场经济的转变,运输市场的经营主体多元化,非国有经济成分大幅度增加。依靠原有的统计报表制度,采用从运输企业到各级交通运输主管部门的"层层上报"方式仅能获得交通部门内的运输量统计数据,而无法准确地取得全行业的运输量统计数据。在这种情况下,1992年交通部与国家统计局联合颁发了《关于进一步建立健全公路、水路运输全行业统计工作的通知》和《公路、水路运输全行业统计工作规定》(交通部、国家统计局令第36号),明确规定由交通部负责公路、水路运输全行业统计工作,使交通部的统计职能由交通部门扩展到全行业。与此同时,交通部也组织对采用抽样调查方法进行全行业公路运输量统计进行了研究。为了达到抽样调查精度和节省费用的目的,在抽样调查方法研究中设计了大样本调查月和小样本调查月,大样本调查月(以下简称"大样本月")是指在一个报告期中对每类车辆调查的样本量比较多的那个月份。小样本调查月(以下简称"小样本月")是指在一个报告期中对每类车辆调查的样本量比较少的那些月份。在实施方案中,一般一个报告期中有一个大样本月和5个小样本月。

(一)抽样调查范围

根据交通部、国家统计局令第36号,公路运输抽样调查的范围原则上为从事营业性运输非独立核算单位和从事非营业性运输的单位,以及私人所拥有的车辆(含汽车、轮胎式拖拉机和其他机动车辆,下同)所完成的公路运输量。全国载客汽车、载货汽车、轮胎式拖拉机、载客其他机动车、载货其他机动车各自构成调查总体。

(二)调查内容

公路运输抽样调查的主要内容为客(货)运量及旅客(货物)周转量。

(三)抽样方法

在大样本月中,采用分层抽样方法。对载客汽车、载货汽车、轮胎式拖拉机、载客其他机动车和载货其他机动车的具体分层方法为以下几个方面。

首先,分别以全国属于抽样调查范围内的所有载客汽车、载货汽车、轮胎式拖拉机、载客其他机动车和载货其他机动车为调查总体,先按省(自治区、直辖市)分层(称为省份层);省份层内再按车辆营业性质、核定吨位大小分为若干子层。

其次,按照方案的要求,各省份分别根据载客汽车、载货汽车、轮胎式拖拉机、载客其他机动车和载货其他机动车的吨位结构进行子层的设计。

最后,根据各子层样本量的大小,选择随机抽样、随机起点等距抽样进行样本单元的抽取。

与大样本月一样,在小样本月中也采用分层抽样方法,但不再按车辆的核定吨(客)位大小进行分层,小样本月与大样本月的子层设计保持一致。

(四)调查方法

无论对大样本月,还是小样本月的样本车辆,其调查方法是完全一致的。对每个省份每类车辆的样本车辆,首先应随机地均分为三组,并分别安排在调查月的上、中、下旬三个调查时段中进行调查。而针对每一个样本车辆的具体调查访问日,调查员可在调查时段内根据情况确定。主要方法如下。

第一，确定报告期（一般为6个月）。在一个完整的报告期中，只有获得了大样本月的样本调查数据，才能推算出小样本月的运输量，所以为了达到逐月提供社会运输量统计数据的目的，要求将报告期的第一个月份定为大样本月。

第二，确定调查期。一般情况下样本车辆的调查期为10天，即调查访问日前的10天；若在距调查访问日前最近的3个工作日里，样本车辆所完成的运次中包括一个周期超过10天的长途运次，则该样本车辆的调查期是30天，即调查访问日前的30天。

第三，进行运输量调查。

（五）数据处理

根据调查获得的样本数据，通过比估计和回归估计的方法推算最终的目标量。

三、全面调查+重点调查结合月度波动系数推算

运输量专项调查之后综合采用"全面调查、重点调查"等方式结合月度波动系数推算的统计方法。

（一）范围口径

从2009年4月起，根据《2009年公路水路运输量统计试行方案》，公路运输量统计范围原则上为所有在公路上产生运输量的营运车辆，包括营业性载客汽车和营业性载货车辆。在公路上公共汽（电）车、出租客车发生的旅客运输量纳入公路运输量的统计范围。与之前相比，剔除了非营业性的公路客货运输量，主要是："非营业性"本质上属于出行、交通概念，不具有"运输"的交易属性；受行业管理权限所限，实际工作中源头数据采集十分困难。

从2014年1月起，执行《公路水路运输量统计试行方案（2014）》，在范围口径上的差异在于：公路客运剔除公共汽（电）车、出租客车在公路上发生的旅客运输量，这部分运输量已纳入城市客运统计。

（二）调查与计算方法差异对比

具体的调查与计算方法差异对比见表2-1。

表2-1 调查与计算方法差异对比

调查内容	2009年方案	2014年方案
公路客运	利用统计报告月份与专项调查实施月份（2008年11月）之间的月度波动系数，以及专项调查已确定的旅客运输量基数进行推算：固定样本车辆跟踪调查；针对客运站的典型调查；针对客运企业的典型调查	由于经营特点不同，针对班线客车、旅游包车及其他客车确定相应的波动系数：班线客车，调查客运站售票记录，包括售票总量、售票总额、售票人次×售票里程；旅游包车及其他客车，调查典型企业平均每辆车运输量变动情况，并结合全省车辆的变动情况推算波动系数
公路货运	利用统计报告月份与专项调查实施月份（2008年11月）之间的月度波动系数，以及专项调查已确定的货物运输量基数进行推算：固定样本车辆跟踪调查；利用公路联网计重收费数据；针对货运企业的典型调查	优先推荐高速公路计重收费记录作为波动系数来源：月度采集计重收费数据，包括路网里程、车货总重、收费总额（或车货总重×收费里程）

两份试行方案最主要的差异在于波动系数的确定，2009年方案采取的是菜单式的思路，2013年采取的是依托行政记录确定波动系数。

四、企业直报+行业汇总结合月度波动系数推算

（一）公路客运量

采用"企业直报+个体推算"的统计方法。随着公路客运经营规范化推进，个体经营户运输量占比逐渐缩小。从全国层面看，2020年公路客运企业产生

29

的客运量占公路总客运量的比重超过95%，几乎可以完全表征公路客运总体趋势，且公路客运企业名录库比较完备，基本具备了公路客运企业直报条件，可以通过企业全面汇总直报方式实现。对于仍存在公路客运个体经营的省份，可以继续沿用行业管理部门推算方式。这一思路体现在交通运输部综合规划司《关于征求规范和完善公路水路运输量统计方法工作思路意见的函》，经过广泛征求意见最终实现了公路客运量统计的重大改进，公路客运量通过"企业直报+个体推算"汇总得出，而由于个体推算量占比极小，公路客运量几乎可以看作是全面汇总得出的结果，很大程度上避免了推算偏差，提升了数据质量真实性。

（二）道路货运量

采用"规上全面汇总+规下波动推算"的统计方法。道路货运量统计是交通运输统计中难度较大的一项工作，道路货运经营主体一直具有"多小散弱"的特点，碍于成本投入和时效要求，全面统计并不现实。因此历年来道路货运量都是采用全面推算的方式，采用3~5年开展一次摸底专项调查，确定货运量基数，非调查月采用波动系数推算得出，样本代表性影响较大，推算精度和过程控制环节较多，数据质量监管难度大。针对这一现实情况，项目组依托2019年专项调查情况，提出了道路货运规模以上企业全面直报的思路，进一步降低推算影响，规下业户运输量采用月度波动系数推算方式得出，明确和规范波动系数算法，要求推算单位选取高速公路收费系统、普通国省道监测系统等业务系统记录作为波动参数，尽量减少人为因素干扰。具体统计思路如下。

采用"规上全面汇总+规下波动推算"的统计方法。"规上"，是指对拥有50辆车、年收入在1 000万元以上的规模以上企业，依托企业"一套表"联网直报系统采集数据并汇总得出运输量；"规下"，是指对车辆数不足50辆或年收入不足1 000万元的规模以下业户利用基数（通过上一年统计数据获取），通过波动推算得出运输量。

规下业户运输量=基月规下业户运输量×（高速公路车货总重等数据变化

率×权重1+普通国省道货车交通量变化率×权重2+其他参数变化率×权重3）

其中：

高速公路数据：采用高速公路车货总重或高速公路货车交通量、∑（车货总重×行驶里程）或高速公路货车收费总额作为货运量和货物周转量波动系数测算依据。

交通量观测数据：采用平均断面交通量作为货运量和货物周转量的波动系数测算依据；高速公路数据采用与基月同口径数据进行计算，交通量数据采用与基月同口径，且为连续式观测站点采集的数据进行计算。

第五节　公路运输领域关键统计指标历史沿革

一、公路里程

表2-2和图2-1展示了公路里程的统计历史沿革，以及2004—2022年全国公路总里程和农村公路里程的变化情况。

表2-2　公路里程统计历史沿革

发展阶段	统计含义	统计范围	统计方法	特点及标志事件
2005年及以前	报告期末公路的实际长度。其中，公路是指具备一定技术条件和设施，主要供汽车行驶的公共道路，包括公路的路基、路面、桥梁、涵洞、隧道等。计量单位:公里	达到《公路工程技术标准》规定的技术等级的公路。包括大、中城市郊区公路及穿越城镇的里程数和公路桥梁长度、隧道长度、渡口宽度及分期修建已验收交付使用的公路里程。不包括自然路，城镇其他街道，国、省干线断头路里程，农业生产用道路及新建公路尚未验收交付使用的路段里程	①按已竣工验收或交付使用的实际里程计算;②两条或多条公路共同经由同一路段的重复里程，只计算一次;③分离式上下行路线里程，按路线编号的前进方向，即公路里程桩号排序方向右侧的主线(上行线)进行计算;④高速公路匝道不计入公路里程	

续表

发展阶段	统计含义	统计范围	统计方法	特点及标志事件
2006年至今	报告期末公路的实际长度。其中,公路是指具备一定技术条件和设施,经交通运输主管部门验收认定的城间、城乡间、乡间能行驶汽车的公共道路,包括公路桥梁、公路隧道和公路渡口。计量单位:公里	达到《公路工程技术标准》规定的技术等级的公路,县乡道中路基宽度≥4.5米或路面宽度≥3.5米路段的等外路,村道中路基宽度≥4.5米或路面宽度≥3.0米路段的等外公路。包括大、中城市的郊区公路,通过城镇(指县城、集镇)街道的公路,公路桥梁长度、隧道长度、渡口的宽度及分期修建并已验收交付使用的路段里程纳入统计。不包括自然路、城镇其他道路、国省干线断头路、农业生产用道路及新建公路尚未验收交付使用的路段里程	①按已竣工验收或交付使用的实际里程计算;②两条或多条公路共同经由同一路段的重复里程,按照行政等级高的公路进行统计,只统计一次;③分离式上下行路线里程,按照路线编号的前进方向,即公路里程桩号排序方向右侧的主线(上行线)进行计算;④高速公路匝道不计入公路里程	①2006年出台《农村公路建设管理办法》,2018年重新制定;②2009年修订《中华人民共和国公路管理条例实施细则》,该《细则》于2011年废止;③2011年出台《公路安全保护条例》,同时废止《中华人民共和国公路管理条例》;④2017年修订《中华人民共和国公路法》

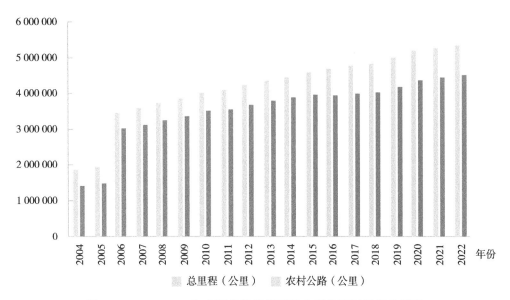

图2-1　2004—2022年全国公路总里程及农村公路里程变化情况

注：2006年起，农村公路包括村道。

二、公路旅客营运车辆

表2-3和图2-2展示了公路旅客营运车辆统计的历史沿革，以及2016—2022年全国公路营运客车拥有量的变化情况。

表2-3　公路旅客营运车辆统计历史沿革

发展阶段	统计含义	统计范围	统计方法	特点及标志事件
2009年及以前	公路运输管理部门注册登记的，最近年审时间在2008年1月1日(含)以后或最近缴费有效期截止时间在2009年1月1日(含)	公路旅客营运车辆包括公路运输管理部门管理并注册登记的公共汽车和出租汽车	全面调查	—

续表

发展阶段	统计含义	统计范围	统计方法	特点及标志事件
2009年及以前	以后,未办理停运、报废、注销、转出手续的从事公路旅客运输的营业性运输工具	公路旅客营运车辆包括公路运输管理部门管理并注册登记的公共汽车和出租汽车	全面调查	—
2010—2012年	公路运输管理部门注册登记的,最近年审时间在2年内或者最近缴费有效期截止时间在报告年1月1日(含)以后,未办理报废、注销、转出手续的从事公路旅客运输的营业性运输工具	不包括:①公共汽电车和出租汽车;②公路养护、卫生救护、公安消防等工作专用车辆;③在机场、港口作业区、车站为内部换乘而进行旅客运输的各种车辆	全面调查	2010年交通运输部建立城市(县城)客运统计调查制度。自2010年起,由交通运输部门管理的公共汽车、出租车不再纳入公路载客汽车统计,该部分数据纳入城市客运运力统计。年审有效期内或缴费有效期能够覆盖到报告年内一天及以上的,暂时办理停运车辆纳入统计
2013—2019年	在公路运输管理部门注册登记的,最近年审时间在2年内,未办理报废、注销、转出手续的从事公路旅客运输的营业性运输工具	不包括:①出租汽车、公共汽电车;②公路养护、卫生救护、公安消防等工作专用车辆;③在	全面调查	年审有效期内成为纳统必要条件

发展阶段	统计含义	统计范围	统计方法	特点及标志事件
2013—2019年	注销、转出手续的从事公路旅客运输的营业性运输工具	机场、港口作业区、车站为内部换乘而进行旅客运输的各种车辆	全面调查	年审有效期内成为纳统必要条件
2020年至今	在公路运输管理部门注册登记的处于营运状态的公路客运车辆（最近年审日期在两年内，未办理报废、注销、转出手续）	不包括：①租赁客车；②公共汽电车和出租汽车；③公路养护、卫生救护、公安消防等工作专用车辆；④在机场、港口作业区、车站为内部换乘而进行旅客运输的各种车辆	全面调查	自2020年年报起，公路载客汽车统计不再包含租赁客车。《道路旅客运输及客运站管理规定》第三条："本规定所称道路客运经营，是指使用客车运送旅客、为社会公众提供服务、具有商业性质的道路客运活动，包括班车（加班车）客运、包车客运、旅游客运"

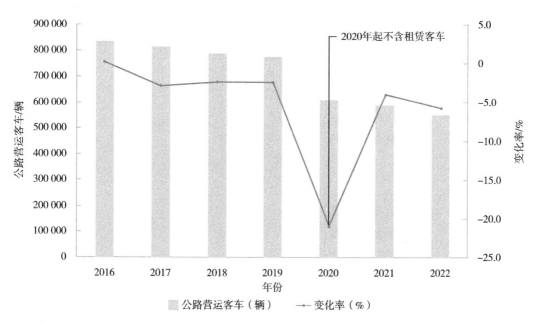

图2-2　2016—2022年全国公路营运客车拥有量变化情况

三、公路货物营运车辆

表2-4展示了公路货物营运车辆的统计情况及其标准的演变过程。

表2-4　公路货物营运车辆统计及标准演变

发展阶段	统计含义	统计范围	统计方法	特点及标志事件
2009年及以前	在公路运输管理部门注册登记的，最近年审时间在报告年前一年1月1日（含）以后或最近缴费有效期截止时间在报告年1月1日（含）以后，未办理停运、报废、	牵引车（辆）、挂车（辆、吨位）纳入营运车辆总计。已计入按车型结构分组的牵引车、挂车不重复统计	全面调查	—

续表

发展阶段	统计含义	统计范围	统计方法	特点及标志事件
2009年及以前	注销、转出手续的从事公路货物运输的营业性运输工具	牵引车（辆）、挂车（辆、吨位）纳入营运车辆总计。已计入按车型结构分组的牵引车、挂车不重复统计	全面调查	
2010—2012年	公路运输管理部门注册登记的，最近年审时间在2年内或者最近缴费有效期截止时间在报告年1月1日（含）以后，未办理报废、注销、转出手续的从事公路货物运输的营业性运输工具	牵引车（辆）、挂车（辆、吨位）纳入营运车辆总计。已计入按车型结构分组的牵引车、挂车不重复统计	全面调查	年审有效期内或缴费有效期能够覆盖到报告年内一天及以上的，暂时办理停运车辆纳入统计
2013—2018年	在公路运输管理部门注册登记的，最近年审时间在两年以内，未办理报废、注销、转出手续的从事公路货物运输的营业性运输工具	牵引车、挂车单独统计，从2013年起，公路营运载货汽车包括货车、牵引车和挂车	全面调查	年审有效期内成为纳统必要条件

续表

发展阶段	统计含义	统计范围	统计方法	特点及标志事件
2019年	在公路运输管理部门注册登记的,最近年审时间在2018年1月1日(含)以后,未办理报废、注销、转出手续的从事公路货运的营业性运输工具	由道路运输管理机构颁发道路运输证,依法从事营业性公路货物运输的车辆。自2019年起,4.5吨及以下普通货运车辆且不满足年审时效要求的不再纳入统计。不包括:公路养护、车辆修理、城市环卫、公安消防、地质勘探、输配电线路建设和维护等专用车辆;在机场、港口作业区、车站内部为装卸而进行搬运的各种运输车辆;在驾校、试验场内供教学或实验使用的各种车辆	全面调查	按照《交通运输部办公厅关于取消总质量4.5吨及以下普通货运车辆道路运输证和驾驶员从业资格证的通知》(交办运函〔2018〕2052号),2019年1月1日起,各地交通运输管理部门不再为总质量4.5吨及以下普通货运车辆配发道路运输证,货运车辆数同比下降

续表

发展阶段	统计含义	统计范围	统计方法	特点及标志事件
2020年至今	在公路运输管理部门注册登记的处于营运状态的公路货运车辆（最近年审日期在两年内，未办理报废、注销、转出手续）	不包括：①公路养护、车辆修理、城市环卫、公安消防、地质勘探、输配电线路建设和维护等专用车辆；②在机场、港口作业区、车站内部为装卸而进行搬运的各种运输车辆；在驾校、试验场内供教学或实验使用的各种车辆；③4.5吨及以下普通货运车辆	全面调查	取消车辆更新表，管理部门仅报送汇总数据

四、公路客运量

表2-5展示了公路客运量统计方法及其特征的演变过程。

表2-5 公路客运量统计方法及特征演变

发展阶段	统计含义	统计范围	统计方法	特点及标志事件
1949—1978年（计划经济）	公路客运企业产生的客运量	国有或集体运输企业	全面调查	市场皆为国有或集体经济，运输生产活动采用统一的"运单"进行管理

续表

发展阶段	统计含义	统计范围	统计方法	特点及标志事件
1979—1999 年（市场经济）	全社会客运量	全社会（含非国有），包括营业性公路客运量和非营业性公路客运量	全面调查（采用从运输企业到各级交通运输主管部门的"层层上报"方式）	运输市场经营主体多元化，非国有经济成分大幅度增加，这种变化打破了原来政府业务主管部门只进行系统内企业统计的框架。1983 年交通部提出了"有河大家行船，有路大家走车"的方针之后，公路水路运输市场逐步向社会开放。公路客货运量在 1984—1985 年产生"台阶式"跳跃性变化
1992—2007 年（大部制前）	全社会客运量	全社会，包括营业性公路客运量和非营业性公路客运量	为准确地取得全行业的运输量统计数据，采用"全面调查+抽样调查"。	为解决"无法准确地取得全行业的运输量统计数据"问题。1992 年交通部与国家统计局联合颁发了《关于进一步建立健全公路、

续表

发展阶段	统计含义	统计范围	统计方法	特点及标志事件
1992—2007年（大部制前）	全社会客运量	全社会,包括营业性公路客运量和非营业性公路客运量	其中,从事营业性运输的独立核算的公路运输单位及个体(联户)采用全面调查,从事营业性运输非独立核算的单位和从事非营业性运输的单位、私人以抽样调查为主进行	水路运输全行业统计工作的通知》和《公路、水路运输全行业统计工作规定》(交通部、国家统计局令第36号),明确规定由交通部负责公路、水路运输全行业统计工作
2008年（实行大部制,建设部指导城市客运的职责划入交通运输部）—2012年	所有在公路上运营的客运车辆所产生的客运量	按照行业管理职权范围,统计范围口径自2008年起发生调整,原则上为所有在公路上产生客运量的营业性载客汽车。在公路上进行旅客运输的公共汽(电)车、出租客车纳入公路运输量的统计范围,仅在城市内道路上进行旅客运输的公共汽电车、出租车不纳入公路运输量	2008年:专项调查,目的是为全面、准确掌握全国公路水路运输总量、结构性和区域性运输量数据,进一步规范统计范围口径;	2008年开展了公路水路运输量专项调查,调查的范围原则上为所在公路上产生旅客运输量的民用载客汽车。调查对象分为营业性载客汽车和非营业性载客汽车。营业性载客汽车是指由道路运输管理机构颁发道路运输证(以下简称"办证"),从事营业性运输的客运车辆。非营业性载客

续表

发展阶段	统计含义	统计范围	统计方法	特点及标志事件
2008 年（实行大部制，建设部的指导城市客运的职责划入交通运输部）—2012 年	所有在公路上运营的客运车辆所产生的客运量	统计范围。与之前相比，剔除了非营业性的公路客运量，主要是："非营业性"本质上属于出行、交通概念，不具有"运输"的交易属性；受行业管理权限所限，实际工作中源头数据采集十分困难	2009 年：利用统计报告月份与专项调查实施月份（2008 年 11 月）之间的月度波动系数，以及专项调查已确定的旅客运输量基数进行推算，其中固定样本车辆采取跟踪调查，客运站采取典型调查，客运企业采取典型调查	汽车是指全国民用载客汽车中除上述营业性客车外，在公路上产生旅客运输量（或出行量）的其他车辆。公路旅客运输量调查对象中不包括以下车辆：①不产生公路运输量的车辆，包括仅在城市内道路上进行旅客运输的公共汽（电）车和市内出租客车，以及用于公路养护、卫生救护、公安消防等工作的专用车辆；②在机场、港口作业区、车站为内部换乘而进行旅客运输的各种运输车辆。2009 年制定《2009 年公路水路运输量统计试行方案》

发展阶段	统计含义	统计范围	统计方法	特点及标志事件
2013年（交通部门大部制改革，成立部委与三个国家局）—2018年（建立企业"一套表"统计调查制度）	所有在公路上运营的营业性载客汽车所产生的客运量	统计范围原则上为在公路运输管理部门注册登记并在公路上运营的营业性载客汽车所产生的客运量	2013年：专项调查。目的是为全面掌握道路旅客运输行业生产总量、结构、效率和经济规模等基本情况。2014—2018年：采用抽样调查与波动系数统计推算相结合的方法，每2~3年开展一次抽样调查，获取月度抽样调查基数，并以此月度数据为基础，结合月度波动系数方法进行非调查月度的数据统计。班线客车：以非调查月度客运站售票记录相对于调查月度的变动情况作为波动系数。旅游包车及其他客车：以非调查月度	2013年开展交通运输业经济统计专项调查，车辆调查范围为"由道路运输管理机构颁发道路运输证，依法从事营业性公路客运的车辆"。不包括：公共电汽车和出租汽车；公路养护、卫生救护、公安消防等工作专用车辆；在机场、港口作业区、车站为内部换乘而进行旅客运输的各种运输车辆。

发展阶段	统计含义	统计范围	统计方法	特点及标志事件
2013 年（交通部门大部制改革，成立部委与三个国家局）—2018 年（建立企业一套表统计调查制度）	所有在公路上运营的营业性载客汽车所产生的客运量	2013 年起，在公路上进行旅客运输的公共汽(电)车、出租客车不纳入公路运输量的统计范围	典型企业平均每辆车运输量相对于调查月度的变动情况，并结合全省车辆的变动情况作为波动系数	2014 年制定《公路水路运输量统计试行方案》。2015 年制定《公路水路运输量抽样调查方案》
2019—2021 年	指报告期内所有营业性公路客运车辆实际运送的旅客人数	所有从事公路客运业务(不含租赁客运)且拥有客运车辆的企业。客运车辆统计范围为在公路运输管理部门注册登记的处于营运状态的所有营业性客运车辆(最近年审日期在两年内,未办理报废、注销、转出手续),含调查期内没有运输生产任务的车辆。不包括:	2019—2021 年：省级交通运输主管部门报送行业汇总数据。企业同时通过"一套表联网直报系统"直报数据	2018 年底建立了公路水路交通运输企业一套表统计调查制度

45

续表

发展阶段	统计含义	统计范围	统计方法	特点及标志事件
2019—2021年	指报告期内所有营业性公路客运车辆实际运送的旅客人数	①租赁客车;②公共汽电车和出租汽车;③公路养护、卫生救护、公安消防等工作专用车辆;④在机场、港口作业区、车站为内部换乘而进行旅客运输的各种车辆	2019—2021年:省级交通运输主管部门报送行业汇总数据。企业同时通过"一套表联网直报系统"直报数据	2018年底建立了公路水路交通运输企业一套表统计调查制度
2022年至今	指报告期内所有营业性公路客运车辆实际运送的旅客人数	所有从事公路客运业务(不含租赁客运)且拥有客运车辆的企业。客运车辆统计范围为在公路运输管理部门注册登记的处于营运状态的所有营业性客运车辆(最近年审日期在两年内,未办理报废、注销、转出手续),含调查期内没有运输生产任务的车辆	"企业全面调查+个体业户推算"。规上企业通过"交通运输企业一套表联网直报系统"填报,个体客运量由省级管理部门推算代报	根据《关于征求规范和完善公路水路运输量统计方法工作思路意见的函》,经广泛征求意见后规范完善了营业性客运量统计方式,统计方式调整为"企业全面调查+个体业户推算"

续表

发展阶段	统计含义	统计范围	统计方法	特点及标志事件
2022年至今	指报告期内所有营业性公路客运车辆实际运送的旅客人数	不包括：①租赁客车；②公共汽电车和出租汽车；③公路养护、卫生救护、公安消防等工作专用车辆；④在机场、港口作业区、车站为内部换乘而进行旅客运输的各种车辆	"企业全面调查+个体业户推算"。规上企业通过"交通运输企业一套表联网直报系统"填报，个体客运量由省级管理部门推算代报	根据《关于征求规范和完善公路水路运输量统计方法工作思路意见的函》，经广泛征求意见后规范完善了营业性客运量统计方式，统计方式调整为"企业全面调查+个体业户推算"

五、公路货运量

表2-6和图2-3展示了公路货运量在不同历史时期的统计方法及特征演变过程，同时还呈现了2006—2022年全国公路货运量的变化情况。

表2-6　公路货运量统计方法及特征演变

发展阶段	统计含义	统计范围	统计方法	特点及标志事件
1949—1978年（计划经济）	货运企业产生的货运量	国有或集体运输企业	全面调查	市场皆为国有或集体经济，运输生产活动采用统一的"运单"进行管理

续表

发展阶段	统计含义	统计范围	统计方法	特点及标志事件
1979—1991 年（市场经济）	全社会货运量	全社会（含非国有），包括营业性公路货运量和非营业性公路货运量	全面调查。采用从运输企业到各级交通运输主管部门的"层层上报"方式	运输市场经营主体多元化，非国有经济成分大幅度增加，这种变化打破了原来政府业务主管部门只进行系统内企业统计的框架。1983 年交通部提出了"有河大家行船，有路大家走车"的方针之后，公路水路运输市场逐步向社会开放。公路客货运量在 1984—1985 年产生"台阶式"跳跃性变化
1992—2007 年（大部制前）	全社会货运量	全社会。包括营业性公路货运量和非营业性公路货运量，即在中华人民共和国注册从事公路客货运输或在中华人民共和国内从事营业性客货运的	为准确地取得全行业的运输量统计数据，采用"全面调查+抽样调查"。其中，从事营业性运输的独立核算的公路运输单位及个体（联户）	运输行业管理体制和道路运输企业经营模式转变后，面对大量以单车分散经营、独立核算为基本经营模式的运输企业，以及大量无明确主管部门

续表

发展阶段	统计含义	统计范围	统计方法	特点及标志事件
1992—2007年（大部制前）	全社会货运量	单位、私人（包括个体联户），不论其隶属关系、所有制形式，均应纳入统计，军事部门从事营业性运输的，也应按规定进行统计	采用全面调查，从事营业性运输非独立核算的单位和从事非营业性运输的单位、私人以抽样调查为主进行	的个体、个体、私营运输企业，过去全面统计报表为基础的统计方法无法获取全面可靠数据，为解决"无法准确地取得全行业的运输量统计数据"问题。1992年交通部与国家统计局联合颁发了《关于进一步建立健全公路、水路运输全行业统计工作的通知》和《公路、水路运输全行业统计工作规定》（交通部、国家统计局令第36号），明确规定由交通部负责公路、水路运输全行业统计工作
2008—2012年	在公路运输管理部门注册登记的从事公路货运的营业性车辆产生的货运量	按照行业管理职权范围，统计范围口径自2008年起发生调整，	2008年：专项调查。调查的范围原则上为所有在公路上产生货物运输量的民用	2008年开展了公路水路运输量专项调查。

续表

发展阶段	统计含义	统计范围	统计方法	特点及标志事件
2008—2012年	在公路运输管理部门注册登记的从事公路货运的营业性车辆产生的货运量	原则上为所有在公路上产生货运量的营业性货车。与之前相比，剔除了非营业性的公路运输量	载货汽车、农用运输车及运输拖拉机。调查对象包括营业性载货汽车和非营业货运车辆。营业性载货汽车是指由道路运输管理机构颁发道路运输证（以下简称"办证"），从事营业性运输的货运车辆。非营业性载货汽车是指全国民用汽车中除上述营业性货车外，在公路上产生货运量的其他车辆。 2009年：利用统计报告月份与专项调查实施月份（2008年11月）之间的月度波动系数，以及专项调查已确定的货物运输量基数推算，其中，波动系数根据固定样本	2009年制定《2009年公路水路运输量统计试行方案》

续表

发展阶段	统计含义	统计范围	统计方法	特点及标志事件
2008—2012年	在公路运输管理部门注册登记的从事公路货运的营业性车辆产生的货运量		车辆跟踪调查、公路联网计重收费数据、货运企业典型调查确定	
2013—2018年	在公路运输管理部门注册登记从事公路货运的营业性车辆产生的货运量	车辆调查范围，道路运输管理机构颁发道路运输证，依法从事营业性货物运输的车辆。不包括：公路养护、车辆修理、城市环卫、公安消防、地质勘探、输配电线路建设和维护等专用车辆；在机场、港口作业区、车站内部为装卸而进行搬运的各种运输车辆；在驾校、试验场内供教学或实验使用的各种车辆	2013年：交通运输业经济统计专项调查，调查内容包括车辆基本信息、运输信息和经营信息。2014—2018年：采用抽样调查与波动系数统计推算相结合的方法，每2~3年开展一次抽样调查，获取月度抽样调查基数，并以此月度数据为基础，结合月度波动系数方法进行非调查月度的数据统计。优先推荐高速公路计重收费记录作为公路货运波动系数数据来源	2013年开展交通运输业经济统计专项调查。2014年制定《公路水路运输量统计试行方案》。2015年制定《公路水路运输量抽样调查方案》

发展阶段	统计含义	统计范围	统计方法	特点及标志事件
2019—2020年	所有在公路上运营的营业性载货汽车所产生的货运量	道路货运经营业户	2019年：道路货物运输量专项调查，调查范围为有道路运输经营许可证、依法从事道路货物运输的经营业户。调查内容涵盖业户运力情况、运输情况、财务情况和能耗情况，调查期为2019年9月。2020年：非调查月采用波动系数结合调查月基数推算公路货运量。主要采用高速公路计重收费记录作为公路货运波动系数数据来源	2019年开展了道路货物运输量专项调查
2021年至今	所有在公路上运营的营业性载货汽车所产生的货运量	道路货运经营业户产	采用"规上企业全面调查+规下业户波动系数法推算"方法，	2020年交通运输部综合规划司下发《关于征求和完善公路水路运输量统计方法工作思路意见的

续表

发展阶段	统计含义	统计范围	统计方法	特点及标志事件
2021年至今	所有在公路上运营的营业性载货汽车所产生的货运量	道路货运经营业户产	波动系数采用高速公路车货总重、收费额、普通国省道交通量观测数据	函》，广泛征求意见后确定"规上企业全面调查+规下业户波动推算"的统计方法。规上企业通过"交通运输企业一套表联网直报系统"填报，规下货运量由省级管理部门推算填报

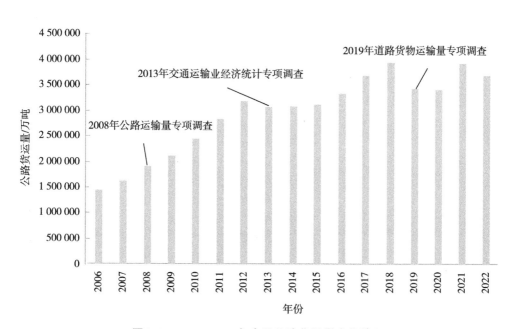

图 2-3　2006—2022 年全国公路货运量变化情况

53

第三章
历次公路运输
统计专项调查

第一节　公路普查

（一）工作背景

自1979年交通部组织第一次全国公路普查工作以来,我国公路建设事业有了很大发展,无论是公路总量,还是路网结构都发生了巨大变化。特别是"八五""九五"期间,公路交通事业进入持续、快速、健康发展时期,公路基础设施实现了跨越式发展,实现了交通对国民经济的"瓶颈"制约得到缓解的历史性转变,并较好地适应了国民经济快速发展和人民生活水平不断提高的需要。国家对交通基础设施建设投入力度不断加大,特别是为改善农村出行条件,促进农村经济发展,推动农村地区人员、物资交流,各地狠抓农村公路建设,县乡公路里程迅速增长。多年来,交通部门一直没能建立起完备的公路数据采集、更新及跟踪管理系统,加上统计力量薄弱、统计手段滞后等多种因素制约,在公路里程统计中出现一定程度的漏统、错统情况,造成了年报数据不能全面、真实反映全国公路网现状的现象,影响了公路交通管理部门对公路现状和发展趋势作出准确的判断。

为摸清全国公路底数,准确把握公路发展总量,建立完备的公路数据库,提高公路管理水平和信息化水平,并为制定下一阶段公路发展目标奠定基础,交通部和国家统计局决定联合组织开展第二次全国公路普查工作,并于2000年3月7日联合印发了《关于开展第二次全国公路普查工作的通知》。为加强领导,交通部和国家统计局共同成立了第二次全国公路普查领导协调小组,负责协调解决公路普查中的重大问题。领导协调小组下设全国公路普查办公室,负责普查方案的制定及组织实施工作。各省、自治区、直辖市均成立了普查领导、实施机构,地、市、县也建立了相应的领导及办事机构,普查工作实现了精心组织、层层落实。

（二）工作过程

为规范有序地开展第二次全国公路普查工作，全国公路普查办公室先后制定了《第二次全国公路普查办法》《第二次全国公路普查实施细则》《第二次全国公路普查方案》《第二次全国公路普查数据处理方案》《第二次全国公路普查数据处理质量控制办法》《第二次全国公路普查资料管理办法》等一系列规章制度，对普查工作的总体要求、实施细则、具体调查方案、数据处理方法和质量控制等各个方面作出了具体、明确的规定。各级普查机构根据全国公路普查办公室的统一要求，也制定了相应的实施细则，并在各阶段工作管理中提出要有进度计划、有保障措施、有质量标准、有监督检查、有总结评价。同时，对人员进行了具体明确分工，逐级建立起岗位责任制。

第二次全国公路普查关系交通发展的重大基础设施情况调查，其范围确定为：全国范围内（不包括港、澳、台地区）所有国道（含国道主干线）、省道、县道、乡道和专用公路。同时，为全面了解和掌握我国农村道路的现状及通达情况，还要求对国、省、县、乡和专用公路以外的村道进行调查。

针对1979年后我国公路网中等外路里程又有所增加而统计年报未进行统计的情况，为全面反映路网现状，本次普查要求凡是人工修建、路基宽度达到4.5米及以上的等外公路全部计入普查范围。

本次普查的主要内容有：全国公路里程和构造物情况、全国公路通达情况、县级以上公路路况情况，并在此基础上建立全国公路数据库及绘制公路网图集。

为准确、全面反映我国公路建设事业在20世纪特别是改革开放以来的成就，并以此作为21世纪实现公路现代化的起点，普查的标准时间定为2000年12月31日。普查方法采用实地测量方式进行。普查方案、调查表式、指标解释、数据处理程序、公路图集底图由全国公路普查办公室统一制发。数据采集、审核和处理按照分级负责的原则，由各级普查机构审核无误后逐级上报。

根据第二次全国公路普查工作的总体安排，2000年5—10月，首先在全国各省份开展了普查试点工作。在总结试点经验的基础上,通过广泛吸收各有关方面的意见,进一步完善了普查工作方案和数据处理程序,为整个工作的全面开展打下了扎实的基础,并积累了丰富的组织经验。同年12月,在青岛市召开的第二次全国公路普查动员布置会上,第二次全国公路普查领导协调小组组长、交通部副部长胡希捷对开展这次普查工作的目的和意义进行了全面阐述,对普查工作提出了具体要求。

根据这次会议精神和所确定的工作计划,2001年1—4月,各省陆续开展普查培训和准备工作,在人员选调、业务培训、设备配置、安全管理、宣传发动等方面做了大量工作。为确保普查工作质量,各省份分别从公路管理部门、公路设计、科研等单位抽调技术、业务骨干,妥善安排办公地点,专职从事公路普查的组织、管理和实施。不少地方还专门抽调一批有专业知识、经验丰富的老同志充实到普查队伍中,一起参与、监督和协调普查工作。在培训中,各省份除抽调业务骨干参加全国统一组织的培训工作外,还在内部进行了多种形式的培训工作。除学习普查技术外,更重要的是通过培训提高了各级公路管理、技术人员的素质,锻炼、培养了一批基层公路交通专业技术人员,增强了认识,掌握了技能,为公路普查的顺利开展创造了必备的条件。在进行普查数据采集之前,各级普查机构基本上实现了"六个到位",即认识到位、领导到位、人员到位、资金到位、宣传到位和管理到位。

2001年5月,普查外业(数据采集)工作和内业(数据整理)工作同时展开。在外业工作中,普查人员顶酷暑、冒烈日,50米一弯腰,一天行走20多公里,弯腰、下蹲400多次,不少人中了暑,脚上磨起了血疱,仍坚持工作。在内业整理中,普查人员夜以继日,不少人主动放弃节假日休息,加班加点赶录数据,许多同志发了高烧,一面输液,一面坚持在一线实地工作,这些感人事迹始终贯穿于整个普查工作中,不胜枚举。在所有普查人员的心中都有一个共同的目标,就是"质量最好、成本最低、时间最短、进度最快、你追我赶、争创第一"。

由于公路普查外业工作量大、时间长,又是在公路上进行,安全隐患大,特别是在交通量大的路段上,安全风险更为突出。在公路普查中,各级普查机构牢固树立"安全第一"思想,采取切实有效的安全防护措施,确保普查人员的人身安全。一方面将安全管理放在公路普查的首位,要求层层建立安全管理制度;另一方面加强安全教育,不断检查、监督各项安全工作的落实,以消灭存在的各种安全隐患。在普查中,特别是外业数据采集期间,各级普查机构认真落实各项安全规定,采取了大量切实有效的防护措施,确保普查一线人员的人身安全,到数据采集结束时,无一例安全事故发生。

为保证普查工作的顺利进行,各级普查机构投入了大量的人力、物力和财力。据不完全统计,各省用于公路普查的资金总额超过了4.6亿元,接受专业培训的技术骨干有万余名,并投入大量的车辆、仪器、设备等用于普查工作。

公路普查作为一项系统工程,涉及方方面面,需要社会各界和广大群众的支持、协助。为搞好普查工作,各级普查机构都制订了具体的宣传计划,开展了大量扎实、有效的舆论宣传工作,通过各种方式让社会了解开展这次普查工作的重要意义。通过宣传,使公路普查工作由部门行为转变为政府行为,由行业行为转变为社会行为,从而形成政府主办、部门牵头、社会参与的良好氛围。社会的广泛支持,各县、乡镇的密切协助,为普查工作的顺利开展创造了大量的便利条件。

在普查中,为确保数据质量,全国公路普查办公室制定了一系列严格规定,提出许多具体、明确的要求。并对全国2/3以上的省份进行了抽查,针对发现的问题,及时提出了整改措施。同时,地方各级普查机构也本着对普查工作和交通事业发展高度负责的态度,严格执行有关质量规定,逐级审核数据,基本做到了"分级负责、就地解决",严把数据质量关。

2001年10月底,各省份陆续将普查数据上报,第二次全国公路普查办公室对数据进行了全面审核和汇总。在此基础上,2022年1月中旬召开了全国普查数据审定会,逐一对各省份的国道、省道、县道、乡道及专用公路里程进行最后审核、确认。

（三）普查主要结果

经审定,截至 2000 年 12 月 31 日,全国公路总里程为 168 万❶公里(不含村道),其中国道 11.9 万公里、省道 21.2 万公里、县道 46.2 万公里、乡道 80.1 万公里、专用公路 8.6 万公里。按技术等级分:高速公路 1.6 万公里、一级公路 2.5 万公里、二级公路 17.8 万公里、三级公路 30.5 万公里、四级公路 79.1 万公里、等外公路 36.4 万公里。在公路总里程中,等级以上公路占比为 78.3%,二级及二级以上高等级公路占比为 13.1%。按照路面等级分:高级路面里程 24.1 万公里、次高级路面里程 41.2 万公里、中级路面里程 44.2 万公里、低级路面里程 43.1 万公里、无路面里程 15.4 万公里。高级、次高级路面里程占公路总里程的 38.9%。全国共有公路桥梁 27.9 万座,1 031.2 万延米,其中特大桥 1 457 座,131.7 万延米;公路隧道 1 684 处,62.8 万延米,其中特长隧道 15 处,5.4 万延米。全国每百平方公里的公路密度为 17.5 公里,乡镇公路通达率为 99.2%,行政村公路通达率为 90.8%。

---

❶ 部分数据因四舍五入的原因,存在总计与分项合计不等的情况。

第二节 农村公路专项调查

(一)目的和意义

农村公路建设是解决"三农"问题的有效途径。自2003年国务院决定加快农村公路建设以来,先后建成了一大批农村公路项目,对改善农村出行条件、活跃农村经济、促进城乡交流、推动农村经济发展具有积极作用。2005年年初,国务院审议通过的《农村公路建设规划》,明确了2020年前我国农村公路建设的总体目标:具备条件的乡(镇)和建制村通沥青(水泥)路,基本形成较高服务水平的农村公路网络,使农民出行更便捷、更安全、更舒适,适应全面建设小康社会的总体要求。为实现规划目标,"十一五"期间,国家实施"千亿元工程"对全国农村公路进行改造,迎来全国农村公路建设的新高潮。

农村公路规划的实施,必须有完善的统计数据反映农村公路建设进展、养护管理、通达深度等情况,以利于领导决策和管理部门加强指导。长期以来,交通管理部门对通村道路的行业管理受有关法规、体制和资金的制约不够深入,对农村公路基本情况了解不全、不细、不透;同时,交通部对公路通达只有原则性指导意见,并未制定全国统一的公路通达统计标准,有关数据质量不高,农村的公路通达数指标不能全面、真实反映全国乡(镇)、建制村的实际通达现状和农村公路的基本情况。

为全面、准确掌握全国所有乡(镇)和建制村的农村公路通达情况及全国所有农村公路的技术状况,交通部决定开展全国农村公路通达情况专项调查(以下简称"专项调查"),并于专项调查后制定全国统一的公路通达统计标准,建立部、省两级全国农村公路通达情况基础数据库,以实现对农村公路建设项目和公路通达情况的动态管理,不仅有助于规范项目安排行为、合理分配农村公路建设资金,更有助于规范统计行为,全面准确监测农村公路建设情况。

（二）专项调查的对象

本次专项调查对象包括以下两部分：一是全国范围内所有乡（镇）及建制村的公路通达情况；二是全国范围内所有农村公路的技术状况，即所有县道、乡道和村道的技术状况。

（三）专项调查的内容

本次专项调查的内容，交通部只对部需求指标进行统一规定，其中通达情况重点调查乡（镇）及建制村名称、人口、所属地形等基本情况信息和通达路线名称、编码、通达位置等通达信息；技术状况重点调查路线的基本属性和桥梁、隧道、渡口等附属设施的情况。各省（自治区、直辖市）交通厅（局、委）（以下简称"各省交通厅"）在严格按照交通部要求采集、上报有关信息资料的前提下，可根据本单位需求适当扩展调查指标。

（四）专项调查的标准时点

本次专项调查的标准时点为：2005 年 12 月 31 日。

（五）专项调查的组织方式

本次专项调查涉及面广、工作量大，为确保专项调查工作顺利开展，交通部决定成立全国农村公路通达情况专项调查领导小组，领导小组下设专项调查办公室，具体负责专项调查的组织实施工作。各省交通厅均需建立相应的专项调查领导、实施机构，并明确工作职责。

1. 全国农村公路通达情况专项调查领导小组及办公室

全国农村公路通达情况专项调查领导小组主要负责协调解决与本次专项调查工作有关的重大问题，主要包括调查方案审定、调查动员和工作布置、调查工作总结表彰等。

交通部专项调查办公室在全国农村公路通达情况专项调查领导小组的领导下负责全国范围的专项调查组织实施工作，具体任务和职责包括以下几个方面。

（1）贯彻执行全国农村公路通达情况专项调查领导小组的决定,组织制定专项调查方案,研制开发农村公路通达情况专项调查数据采集软件,组织实施专项调查有关具体工作,建立部、省两级专项调查办公室的联系制度,定期发布《全国农村公路通达情况专项调查工作动态》。

（2）负责对省级专项调查办公室骨干人员的技术培训和技术支持工作。

（3）负责对技术、人力条件较弱的省区,在基础数据采集方面提供一定的技术指导。

（4）收集、审核、汇总全国专项调查资料,并进行数据质量验收。

（5）编辑制作全国农村公路通达情况专项调查资料,并对专项调查资料进行分析研究。

（6）建立全国农村公路通达情况基础数据库,并负责制定统一的《省级农村公路通达情况基础数据库建设规范》。

（7）负责制定统一的《省级农村公路通达情况电子地图技术要求》。

（8）组织研究制定全国农村公路通达统计标准。

（9）编写全国农村公路通达情况专项调查工作总结报告。

（10）组织完成全国农村公路通达情况专项调查总结评比工作。

2. 省级农村公路通达情况专项调查领导小组及办公室

省级农村公路通达情况专项调查领导小组主要负责协调解决本省(自治区、直辖市)范围内与本次专项调查工作有关的机构、人员和经费等重大问题,并督促检查本省(自治区、直辖市)专项调查工作的实施。

省级专项调查办公室在本省农村公路通达情况专项调查领导小组的领导和交通部专项调查办公室的指导下进行工作,具体任务和职责包括以下几个方面。

（1）根据全国农村公路通达情况专项调查领导小组和专项调查办公室的工作部署和要求,结合本省(自治区、直辖市)的实际情况,制定省级公路通达情况专项调查方案及有关实施细则,组织实施本省(自治区、直辖市)的公路通达情况专项调查工作,建立省内专项调查办公室联系制度,定期发布省级《农村公路通达情况专项调查工作动态》，并上报交通部专项调查办公室。

（2）负责组织本省范围内的技术培训、进行技术支持。

（3）组织省及以下专项调查办公室进行资料填写、装订和录入等数据处理工作，进行数据质量抽查验收，按规定的内容、时间、方式上报并保管专项调查资料。

（4）建立省级农村公路通达情况基础数据库，编绘农村公路通达情况电子地图。

（5）编辑制作省级农村公路通达情况专项调查资料，并对专项调查资料进行分析研究。

（6）编写本省（自治区、直辖市）公路通达情况专项调查工作总结报告。

（7）组织完成本省（自治区、直辖市）公路通达情况专项调查总结评比工作。

3. 地市级、县级农村公路通达情况专项调查领导小组及办公室

地市级、县级农村公路通达情况专项调查领导小组及专项调查办公室的具体职责由各省级专项调查组织机构根据实际情况确定。

（六）专项调查的主要结果

1. 农村公路总里程

截至2005年12月31日，符合专项调查方案要求的全国农村公路总里程为296.5万公里。其中县道公路为50.7万公里、比2005年年报数据（以下简称："年报"）增加1.3万公里；乡道公路为98.8万公里、比年报增加0.65万公里；首次进行详细调查并正式纳入统计范围的村道公路（路基宽度≥4.5米或路面宽度≥3.0米）为142万公里；起通达作用的专用公路（专用公路一般指由工矿、农林等部门投资修建、主要供该部门使用的公路）里程为5万公里。在附属设施方面，农村公路桥梁为39.1万座，其中特大型桥梁202座、大型桥梁1.4万座、中型桥梁8.5万座、小型桥梁29.2万座；公路隧道为1 577处，其中特长隧道4处、长隧道52处、中隧道117处、短隧道1 404处；渡口为5 019处。

2. 农村公路构成情况

（1）按地区分。东部地区农村公路总量为 87.8 万公里、占全国总量的 29.6%；中部地区为 103.9 万公里、占全国总量的 35%；西部地区为 104.8 万公里、占全国总量的 35.4%。

（2）按技术等级分。从调查结果看，农村公路整体技术等级较低。等级公路里程为 177.6 万公里、等外公路里程为 118.9 万公里，分别占全国农村公路总里程的 59.9% 和 40.1%。在等级公路中，四级公路里程占 79.8%。呈现出随行政等级降低，等级公路里程比重下降、等外公路比重上升的特点。

（3）按路面类型分。农村公路中，沥青水泥路面（有铺装路面、简易铺装路面）里程为 102.7 万公里，占全国农村公路总里程的 34.6%；未铺装路面里程为 193.8 万公里，占全国农村公路总里程的 65.4%。呈现出随行政等级降低，沥青水泥路面里程占比下降、未铺装路面里程比重上升的特点。

3. 乡镇、建制村通达、通畅情况

（1）通达、通畅标准。为解决各省（区、市）乡（镇）、建制村通达、通畅公路技术指标、路面类型差异较大、通达位置口径不一致等问题，交通部根据专项调查情况制定了《全国农村公路统计标准》。其中，乡（镇）、建制村通达标准为：乡（镇）通达路线的路面宽度须 ≥3.5 米、建制村通达路线的路面宽度须 ≥3.0 米，且路面类型均需保证可晴雨通车；通畅标准为：在通达的基础上通沥青、水泥、石质、砖铺、砼预制块等硬化路面。在"通达位置"方面，确定了三类通达位置，由各省根据实际情况自行选择。具体为：

①穿越乡镇政府和村委会所在的居民聚居区域；

②通至乡镇政府或村委会、学校、敬老院、公共医疗机构；

③通至乡镇政府、建制村辖区内人口较多的或村委会所在的居民聚居区域边缘，并与聚居区域内部的一条道路连接。

（2）通达、通畅情况。根据《全国农村公路统计标准》，交通部按照通畅待建里程最短的原则，结合电子地图对全国乡镇、建制村的通达、通畅情况进行了测算,具体情况如下。

①乡镇通达、通畅情况。在全国40 469个乡镇中,通达乡镇数量为37 894个(含由国、省道连接乡镇,下同)、通达率为93.64%,比年报下降6.17个百分点;通畅乡镇数量为32 537个、通畅率为80.40%,比年报下降0.98个百分点。

②建制村通达、通畅情况。在全国663 199个建制村中,通达建制村数量为510 035个,通达率为76.91%,比年报下降17.4个百分点;通畅建制村数量为350 672个,通畅率为52.88%,比年报降低9.48个百分点。

第三节　2008年全国公路运输量专项调查

（一）目的和意义

公路交通行业是服务业的重要组成部分。公路运输量是表征公路运输生产成果最主要的量化指标，也是公路运输服务水平的集中体现。为适应公路运输市场特点，解决交通统计中存在的总量数据失真、统计口径不全、结构性和区域性运输量数据缺失等问题，交通运输部决定在国家统计局的支持下开展全国公路运输量专项调查（以下简称"专项调查"），摸清全口径公路运输量基数、准确掌握结构性和区域性运输量数据和规范统计范围口径。并借此机会研究建立新型公路运输量统计调查工作模式和调查方法，健全统计数据的质量保障和结果评估体系，形成公路运输量统计的长效运行机制。

（二）调查范围

公路旅客运输量调查的范围原则上为所有在公路上产生旅客运输量的民用载客汽车，包括营业性载客汽车和非营业性载客汽车。

公路货物运输量调查的范围原则上为所有在公路上产生货物运输量的民用载货汽车、农用运输车及运输拖拉机，包括营业性货运车辆和非营业性货运车辆。

（三）调查方法

公路运输量专项调查采用抽样调查与全面调查相结合的方法。

（四）调查时间

公路运输量专项调查时间为2008年7月1日至31日。

（五）调查内容

本次专项调查的主要内容为公路客（货）运量、旅客（货物）周转量、燃油消耗和运输结构。运输结构指标主要包括分营业性质运输量、分车辆类型运输量、分区域运输量及分货类运输量。

（六）组织方式

为确保专项调查工作顺利开展，交通运输部和国家统计局联合成立"全国公路运输量专项调查领导小组"，领导小组下设专项调查办公室，以交通运输部为主负责专项调查组织实施和日常技术性文件办理等工作。各省（自治区、直辖市）均建立了相应的专项调查领导、实施机构，并明确工作职责。

（七）调查技术方案

1. 调查范围

公路旅客运输量调查的范围原则上为所有在公路上产生旅客运输量的民用载客汽车。调查对象分为营业性载客汽车和非营业性载客汽车。其中，营业性载客汽车是指由道路运输管理机构颁发道路运输证（以下简称"办证"），从事营业性运输的客运车辆。非营业性载客汽车是指全国民用载客汽车中除上述营业性客车外，在公路上产生旅客运输量（或出行量）的其他车辆。

公路货物运输量调查的范围为所有在公路上产生运输量的民用载货汽车、农用运输车及运输拖拉机。调查对象分为营业性货运车辆和非营业性货运车辆。其中，营业性货运车辆是指由道路运输管理机构颁发道路运输证、从事货物运输的车辆。非营业性货运车辆是指未办理道路运输证、从事货物运输的车辆。

2. 调查内容

本次专项调查的公路客运主要指标为公路客运量、公路旅客周转量、燃料消耗和运输结构。运输结构指标主要包括分营业性质运输量、分车辆类型运输量及分区域运输量。

本次专项调查的公路货运主要指标为公路货运量、货物周转量、燃油消耗和运输结构。运输结构指标主要包括分营业性质运输量、分车辆类型运输量、营业性分区域运输量及营业性分货类运输量。

3. 抽样方法

(1)公路客运。载客汽车调查采用分层抽样方法,抽样单元为单台车辆。以全国所有属于调查范围的载客汽车为总体,以各省、自治区、直辖市(以下简称"省")为子总体进行抽样设计。

根据不同调查对象的信息管理基础,分类构建营业性客车(除出租客车和公交汽车,下同)、出租客车、公交汽车3个抽样框,具体方法如下。

①营业性客车——基于现有的营业性道路运输车辆数据库(或道路运输管理业务车辆台账),建立营业性客车总体车辆数据库,作为营业性客车的抽样框。

②出租客车——包括办证出租客车和未办证出租客车 两部分。其中,办证出租客车的车辆数据库可参照营业性客车构建;未办证出租客车的车辆数据库,要求各省充分利用各种数据渠道进行构建;上述两部分车辆数据合并建立出租客车总体车辆数据库,作为出租客车的抽样框。经营区域仅是城市道路的出租客车不纳入抽样框构建的范围。

③公交汽车——包括办证公交汽车和未办证公交汽车 两部分。其中,办证公交汽车的车辆数据库可参照营业性客车构建;未办证公交汽车的车辆数据库,要求各省充分利用各种数据渠道进行构建;上述两部分车辆数据合并建立公交汽车总体车辆数据库,作为公交汽车的抽样框。经营区域仅是城市道路的公交汽车不纳入抽样框构建的范围,确定原则为公交线路里程一半以上在城市道路上,公路和城市道路的划分标准由各省根据实际情况确定。

另外,将民用载客车辆中扣除营业性客车、出租客车和公交汽车后,能够产生公路旅客运输量的车辆,作为其他非营业性客车,其中包括了单位公车和私人客车等。各省将全国专项调查办公室协调公安部获得的民用载客汽车分类汇总数据,作为非营业性客车的抽样依据。

　　在层的划分上,先按经营范围划分为5大层,再按地市划分为中层,最后再按经营线路类别及核定客位数量划分出基本层(表3-1)。

表3-1　地市内基本层的具体划分和代码

必分层		细化层	基本层代码
按经营范围分	按经营线路类别分	按核定载客位分	
班线客车	经营县内班线	$X \leqslant 15$	111
		$X > 15$	112
	经营跨县班线	—	120
	经营跨地市班线	—	130
	经营跨省班线	—	140
其他营业性客车	—	$X \leqslant 30$	201
		$X > 30$	202
出租客车	—	$X \leqslant 5$	301
		$X > 5$	302
公交汽车	—	$X \leqslant 30$	401
		$X > 30$	402
其他非营业性客车	—	$X \leqslant 5$	501

注:X为核定载客位。

资料来源:2008年公路水路运输量专项调查技术方案。

　　在样本的确定上,调查技术方案按照对主要调查目标量,即全省公路客运量、旅客周转量、燃料消耗和运输结构的精度要求,首先确定全省各类载客汽车的最低样本量,然后根据各地市分类车辆拥有量,按比例将样本车辆数分配到各地市及相应的基本层。

　　全国分省最低样本量是在95%的置信度下,全省载客汽车的客运量和旅客周转量估计的极限相对误差按5%~10%进行计算。每类车辆(省内班线客车、其他营业性客车、出租客车、公交汽车、其他非营业性客车)的地市层样本量，则按各地市每类车辆拥有量所占全省该类车辆拥有量总数的比例进行分配。地市内每类车辆在各核定载客位基本层的样本量，按各基本层车辆拥有量所占地市内该类车辆拥有量总数的比例进行分配(表3-2)。

表3-2 全国载客汽车样本总量和分省样本量

省份	载客汽车最低样本量/辆（除跨省班线客车）	其中				
		省内班线客车	其他营业性客车	出租客车	公交汽车	其他非营业性客车
全　国	135 000	41 470	11 630	14 200	10 800	56 900
北　京	6 000	100	800	500	300	4 300
天　津	3 000	250	400	300	300	1 750
河　北	5 800	1 450	150	600	300	3 300
山　西	3 500	900	100	300	300	1 900
内蒙古	3 000	800	150	600	300	1 150
辽　宁	5 800	1 300	500	1 000	500	2 500
吉　林	3 000	900	100	500	300	1 200
黑龙江	4 000	1 000	550	800	350	1 300
上　海	5 000	0	1 200	1 000	1 000	1 800
江　苏	9 000	2 000	1 200	700	300	4 800
浙　江	8 000	2 250	350	600	300	4 500
安　徽	4 000	1 950	200	550	300	1 000
福　建	3 500	1 250	250	300	300	1 400
江　西	2 500	1 100	200	300	300	600
山　东	9 000	2 450	550	700	500	4 800
河　南	6 800	2 900	250	450	300	2 900
湖　北	4 500	1 900	400	500	300	1 400
湖　南	4 500	2 300	400	300	300	1 200
广　东	12 000	3 200	900	700	1 000	6 200
广　西	3 200	1 450	350	300	300	800

72

续表

省份	载客汽车最低样本量/辆（除跨省班线客车）	其中				
		省内班线客车	其他营业性客车	出租客车	公交汽车	其他非营业性客车
海　南	1 200	200	200	300	300	200
重　庆	2 500	1 350	150	300	300	400
四　川	6 800	2 850	400	450	300	2 800
贵　州	2 500	1 250	250	300	300	400
云　南	5 000	2 100	600	300	400	1 600
西　藏	500	120	80	100	100	100
陕　西	3 600	1 400	400	300	300	1 200
甘　肃	2 000	750	150	450	300	350
青　海	1 000	300	200	200	150	150
宁　夏	1 000	350	50	200	200	200
新　疆	2 800	1 350	150	300	300	700

资料来源：2008年公路水路运输量专项调查技术方案。

（2）公路货运。针对营业性货运车辆采用分层抽样方法。

首先，在建立的全省营业性货运车辆抽样框中，根据车辆管理机构所在地按地市分层（地市层也称为大层）。

其次，在地市层内根据车辆类型划分为普通货车、专用货车、危险品运输车、农用运输车、拖拉机、其他载货车辆六个车辆类型子层。

最后，在车辆类型子层内，划分吨位子层或车型结构子层（该层也称为基本层）。在基本层的划分中，依据以下原则进行。

①在普通货车层内，以核定载质量作为分层依据，划分吨位基本层。具体划分时，一般可划分为2吨以下、2~4吨、4~8吨、8~20吨及20吨以上共五个基本层。各省可以结合本省普通货车的吨位结构对基本层的划分进行调整，调整的原则为：尽量使同一基本层内的车辆产生的运输量差别小，而不同基本层车辆产生的运输量差别大。

②在专用货车层内，以车型结构作为分层依据，划分为若干车型结构层。具体划分时，应结合本省专用货车的结构特点进行，对于数量较多的车型可以划分为独立的基本层。其中，集装箱车必须划分为一独立的基本层。

在地市层内，针对划分的每一基本层均要编码，表3-3是不同车辆类型的基本层设计示例。

表3-3 营业性货运车辆基本层划分及编码

必分层	细化层	基本层编码
普通货车	$X \leqslant 2$	111
	$2 < X \leqslant 4$	112
	$4 < X < 8$	113
	$8 \leqslant X < 20$	114
	$X \geqslant 20$	115
专用货车	集装箱	121
	挂车	122
	其他	123
危险品运输车	—	131
农用运输车	—	141
拖拉机	—	151
其他	—	161

注：X指车辆的运管部门征费吨位。

资料来源：2008年公路水路运输量专项调查技术方案。

为保证在95%的置信度下，主要调查目标量，即全省的货运量、货物周转量和燃油消耗量估计的极限相对误差为5%~10%，各省营业性货运车辆最低样本量依照表3-4确定。

表3-4　全国及分省营业性货运车辆最低样本量

省份	营业性货运车辆 最低样本量/辆	省份	营业性货运车辆 最低样本量/辆
北　京	3 800	湖　北	4 150
天　津	2 650	湖　南	3 650
河　北	5 500	广　东	9 200
山　西	4 000	广　西	3 650
内蒙古	2 700	海　南	2 150
辽　宁	5 500	重　庆	3 700
吉　林	3 150	四　川	4 650
黑龙江	3 500	贵　州	2 200
上　海	3 800	云　南	3 500
江　苏	7 000	西　藏	900
浙　江	7 200	陕　西	3 650
安　徽	3 650	甘　肃	1 800
福　建	3 500	青　海	1 400
江　西	2 650	宁　夏	1 400
山　东	8 200	新　疆	3 800
河　南	6 500	全国总计	123 100

资料来源：2008年公路水路运输量专项调查技术方案。

4.调查方法

（1）公路客运。跨省班线客车的运输量调查采用依托客运站的全面调查方式，由各省涉及跨省班线运输的客运站（包括跨省班线的起点站和途经站）上报由该站发车或途经该站的跨省班线客车售票情况。

省内班线客车、其他营业性客车、出租客车和公交汽车采用针对车辆的抽样调查方式，调查工作包括预备调查和正式调查两个步骤。预备调查主要是与样本进行联系，发放调查表；正式调查时，则采用样本自行记录、调查员电话跟踪、调查员跟车调查等方式进行调查。

非营业性调查主要采用在非营业性客车聚集地(如公安交警机动车安全性能检测站)开展实地调查,采用当面询问车辆使用者的方式开展调查,要求被调查对象回忆车辆3天的公路出行状况。

(2)公路货运。针对非营业性货运车辆主要采取当面访问、事后回忆的方式进行。根据非营业性载货汽车与非营业性农用运输车、非营业性运输拖拉机的不同特点,选择不同的场所进行当面访问。

针对营业性货运车辆的调查包括预备调查与正式调查两个步骤。首先开展预备调查,了解样本车辆对参加专项调查的意愿,确保有足够样本量的车辆参与调查;其次,在规定的调查时间内,采用电话跟踪、自行记录等方式了解调查者的车辆运输情况,填写正式调查表。正式调查阶段,对于具备自行记录能力的被调查对象,调查员向其发放自行记录表,由被调查对象在调查期间根据要求实时记录车辆的运输情况。调查期结束后,调查员回收调查表,根据被调查对象的自行记录并结合询问完成正式调查表的填写。对于不具备自行记录能力的被调查对象,采用每日电话跟踪调查的方式填写正式调查表。

第四节　2013年交通运输业经济统计专项调查

(一)调查背景

一是在运输量统计数据真实性面临考验的形势下,亟须在全国范围内统一实施调查,重建运输量基数,并通过严格规范运输量统计工作体系,加强统计质量管控。2011年以后,地方政府将运输量数据与绩效考核挂钩,导致运输量统计受到人为干预,数据存在一定程度失真,严重影响政府交通部门的公信力。为促使运输量数据回归真实水平,交通运输部决定在全国范围内开展一次大型调查,通过"统一方案、统一调查、统一推算"的方式,重新建立运输量统计基数。并着手研究建立运输量统计长效机制,严格规范运输量统计标准、方法和数据来源,提高运输量统计的"简便性、抗干扰性、可追溯性",加强数据质量监控。

二是面对新的经济社会发展周期,亟须开展大型调查,获取全面反映交通运输发展规模、结构、效率的统计数据,以科学编制"十三五"发展规划。在新一轮经济社会发展周期中,更加注重效率提升、产业优化和区域协调,对规划编制的基础和依据——统计数据的需求趋于多样化、精细化和规范化,日常统计工作成果难以支撑。为提高规划编制的广度、细度和深度,交通运输部组织开展大型调查,获取综合反映交通运输发展规模、结构和效率的统计调查数据。首先,全面摸清交通运输业总产出和增加值,综合评价分行业发展水平和地区差异;其次,准确掌握交通运输能源消耗,客观检验能源利用状况;最后,获取分货类、运距、区域以及流量流向等细化运输量数据,系统掌握里程利用率、实载率等效率指标。

三是在国家加强服务业统计的大背景下,必须依托专项调查组织形式,新建交通运输财务统计调查体系,填补"价值量"统计空白。2011年,《国务院办公厅转发统计局关于加强和完善服务业统计工作意见的通知》，要求交通运输部自2012年起年度报送包括财务指标和生产指标在内的服务业统计数据。由于交通运输部门长期"重实物量统计、轻价值量统计"，导致反映行业经济贡献和作用的价值量指标缺失，统计工作基础薄弱。面临紧迫的国家工作要求，必须通过专项调查这种"运动式"的组织形式，快速而有效地在全国范围内新建价值量统计体系，填补价值量统计空白。

（二）调查范围

车辆调查的范围包括客运车辆和货运车辆以及出租汽车。企业调查范围包括了公路运输企业、公路运营企业（行政事业单位）和城市客运企业。

（三）调查内容

从调查内容上看，车辆调查信息包括车辆的基本信息、运输信息和经营信息。基本信息主要包括车辆类型、业户类型等。运输信息主要包括客货运量、周转量、行驶里程等。经营信息主要包括运输收入、燃料费、维修保养费、车辆保险费等。

企业（行政事业单位）调查信息包括企业（行政事业单位）的基本情况、财务状况和生产状况等。基本情况主要包括企业（行政事业单位）名称、组织机构代码、登记注册类型、机构类型、执行会计标准类别等。企业财务状况主要包括固定资产原价、本年折旧、资产总计、负债合计、所有者权益合计、营业收入、营业税金及附加、管理费用、财务费用、营业利润、应付职工薪酬等。行政事业单位财务指标主要包括固定资产原价、本年收入、财政拨款、事业收入、经营收入、本年支出、工资福利支出、商品和服务支出、对个人和家庭补助支出、经营支出、销售税金等。企业（行政事业单位）生产状况主要包括客货运量、旅客发送量等业务生产指标。

（四）调查技术方案

1. 车辆调查方法

（1）客运车辆。客运车辆采用分层抽样方法。

抽样框：由各省利用运政系统整理形成客运车辆抽样框。

划分基本层：根据车辆所在地市划分地市层，再根据车辆类型划分成载客汽车和其他载客机动车两层，然后在载客汽车层内根据车辆经营范围划分为跨省班线、跨市班线、跨县班线、县内班线、旅游客运及包车客运、其他客运六个经营类型层，最后按照线路里程或标记客位划分至基本层。具体划分方式见表3-5。

表3-5 客运车辆基本层划分及编码

车辆类型	经营范围	基本层	基本层编码
载客汽车	跨省班线	$X<200$	111
		$200 \leqslant X<400$	112
		$400 \leqslant X<800$	113
		$X \geqslant 800$	114
	跨市班线	$X<200$	121
		$200 \leqslant X<400$	122
		$400 \leqslant X<800$	123
		$X \geqslant 800$	124
	跨县班线	$X<200$	131
		$X \geqslant 200$	132
	县内班线	—	140
	旅游客运及包车客运	$Y \leqslant 30$	151
		$Y>30$	152
	其他客运	$Y \leqslant 30$	161
		$Y>30$	162

车辆类型	经营范围	基本层	基本层编码
其他载客机动车	—	—	170

注：X 为线路里程；Y 是标记客位。

确定样本量：保证在95%的置信度下，主要调查目标量（客运量、周转量、增加值）估计的极限相对误差为10%~15%，来确定各省客运车辆最低样本量。

样本量分配：根据下发的省级样本量，按照全省抽样框中各地市客运车辆拥有量占全省客运车辆拥有量总数的比例计算地市样本量。同时，为确保地市推算精度，对地市样本量作以下要求：地市车辆数低于500辆时，样本量不少于50；地市车辆数在500（含）至1 000的，样本量不少于80；地市车辆数在1 000（含）至2 000的，样本量不少于100；地市车辆数在2 000（含）至5 000的，样本量不少于150；地市车辆数高于5 000（含），样本量不少于200。

车辆抽取：以标记客位大小进行排列，采用等距抽样方法。

调查期：客运车辆的运输信息调查期为2013年9月1日—30日的某一旬，并保证样本车辆均匀分布；经营信息调查期为2013年9月1日—30日。

（2）货运车辆。货运车辆也采用的分层抽样方法，其基本的调查方法与客运车辆的调查方法十分类似。在分层时，首先根据车辆所在地市划分地市层，其次在地市层内根据车辆类型划分成载货汽车、其他载货机动车和轮胎拖拉机三层，再次在载货汽车层内根据车型结构划分成牵引车、挂车、集装箱车、罐车和其他载货汽车共五层，最后以标记吨位作为分层依据，在其他载货汽车层内划分成2吨及以下、2~4吨（含）、4~8吨、8（含）~20吨、20吨以上五层。具体划分方式见表3-6。

表3-6　货运车辆基本层划分及编码

车辆类型	车型结构	基本层	基本层编码
载货汽车	牵引车	—	210
	挂车	—	220
	集装箱车	—	230
	罐车	—	240
	其他载货汽车	$X \leq 2$	251
		$2 < X \leq 4$	252
		$4 < X < 8$	253
		$8 \leq X < 20$	254
		$X \geq 20$	255
其他载货机动车	—	—	260
轮胎拖拉机	—	—	270

注：X指车辆的标记吨位。

货运车辆的运输信息调查期为2013年9月1日—30日的某一旬,并保证样本车辆均匀分布;经营信息调查期为2013年9月1日—30日。

（3）出租汽车。出租汽车采用重点调查方法。由交通运输部根据各省出租汽车的保有量情况测算出各省的最低样本量。并规定各省根据下发的省级调查量,按照全省抽样框中各地市出租汽车拥有量在全省占比计算地市调查量,并确保各地市调查量不得少于30辆。同时,由省级单位在确保不同经济类型(个体、企业车辆)、不同运行模式(单班、双班、三班及以上)车辆数、不同燃料类型的结构比例与本地出租汽车整体情况保持基本一致的前提下,自行选择调查样本。

出租汽车的调查期为2013年9月1日—30日。

第五节 2019年道路货物运输量专项调查

2019年,国家统计局开始尝试在全国推进GDP统一核算改革,并在全国范围内正式开展了第四次全国经济普查数据采集工作。无论是GDP统一核算改革还是全国经济普查工作,对交通运输行业的运输量统计体系均会带来新的影响和需求。为更好地服务交通运输行业高质量发展和交通强国建设,配合做好全国第四次经济普查和地区生产总值统一核算改革工作,进一步提高道路货物运输量统计数据的真实性和准确性,探索建立道路货物运输经营业户统计调查机制,2019年交通运输部决定在全国范围内组织开展全国道路货物运输量专项调查工作(以下简称"专项调查")。

本次专项调查聚焦数据真实性,全面创新调查理念、方法和手段。一是将调查对象由传统的车辆转变为业户,对拥有道路运输经营许可证、依法从事道路货物运输的企业和个体经营户进行调查,进一步夯实数据质量主体责任。二是采用全面调查和抽样调查相结合的方法,对拥有50辆及以上货运车辆的规模以上企业进行全面调查,对规模以下企业和个体经营户进行抽样调查。三是依托联网直报系统和移动端App采集数据,一数到部、多级监管、全程留痕,全面提高调查效率和数据真实性。

(一)调查内容

本次专项调查的调查内容仅包括道路货运行业,调查内容主要包括两大部分,分别是针对道路货运经营业户的调查和针对货运车辆的调查。

道路货运经营业户调查主要调查业户的运力情况、运输情况、财务和能耗情况。其中运力情况调查主要是调查业户名下车辆的总数、标记吨位数、总质量、集装箱箱位数等。以上统计的指标单独按牵引车、挂车、集装箱车、冷藏保温车进行分组统计。运输情况调查包括业户调查期内车辆完成的趟次数、货运量、货物周转量和平均运距。以上统计指标再分别按照集装箱车、冷藏保温车、危险品车车辆类型分组统计，按煤炭及制品、金属矿石、矿建材料及水泥等货物种类分组统计。财务和能耗情况调查主要包括调查企业的资产总计、负债总计、营业收入、营业成本。

货运车辆调查主要调查样本车辆的车牌号、车牌颜色、标记吨位、总质量等车辆基本属性信息，车辆趟次数、行驶里程、载货里程、高速公路里程、货运量、货物周转量、平均运距、主要货物种类等车辆运输信息，以及车辆燃料类型、能耗等能耗信息。

（二）调查技术方案

本次专项调查采用二阶抽样方法。以各省（自治区、直辖市）的经营业户作为第一阶段抽样框，分运力规模抽取一定数量的经营业户作为第一阶段样本，填报道路货运经营业户调查相关信息。在每个省份第一阶段样本中抽取一定比例的企业，每个企业按照吨位均匀覆盖的原则抽取一定数量车辆作为第二阶段样本，填报车辆调查信息。

1. 第一阶段抽样

（1）抽样框。各省（自治区、直辖市）拥有道路运输经营许可证，依法从事道路货物运输的经营业户。

（2）样本量的确定及分配。拥有 50 辆及以上货运车辆的企业全面调查，拥有 10~49 辆货运车辆的企业抽样比为 7%，拥有 5~9 辆货运车辆的企业抽样比为 5%，拥有 5 辆以下货运车辆的企业抽样比为 2%，个体经营户抽样比为 1.3%。

各层内经营业户按照车辆数从大到小排序，采用等距抽样的方法抽取样本。

2. 第二阶段抽样

（1）抽样框。各省（自治区、直辖市）第一阶段样本中抽取 10% 的企业，在每个企业的货运车辆中进行样本车辆抽取。个体经营户和车辆数在 10 辆以下的企业不再进行第二阶段抽样。

（2）样本量的确定及分配。拥有100辆及以上货运车辆的企业抽取4辆车，拥有50~99辆货运车辆的企业抽取3辆车，拥有10~49辆货运车辆的企业抽取2辆车（表3-7）。

每个企业内货运车辆按照总质量从大到小排序，采用等距抽样的方法抽取样本。

表3-7　样本车辆分配情况

经营业户规模		层代码	第一阶段业户抽样比	第二阶段业户抽样比	每个业户样本车辆数
企业	100辆及以上	101	100%	10%	4
	50~99辆	102	100%	10%	3
	10~49辆	103	7%	10%	2
	5~9辆	104	5%	—	—
	5辆以下	105	2%	—	—
个体经营户		201	1.3%	—	—

（三）调查主要结果

本次调查共涉及经营业户85 547家，其中规模以上企业21 980家，规模以下企业20 361家，抽样率为5.6%；个体经营户43 206家，抽样率为1.4%。

1. 货物运输量

2019年9月，全国营业性货运车辆完成货运量31.82亿吨，货物周转量5628.09亿吨公里，平均运距为177公里。2019年，全国营业性货运车辆完成货运量343.55亿吨，货物周转量59 636.39亿吨公里，平均运距为174公里。

2. 运输效率

2019年9月每辆货车每日平均行驶190公里，运输货物12.0吨。每吨货物运输距离平均为177公里。

3. 经营主体

2019年9月规模以上企业、规模以下企业、个体户分别完成货运量8.75、

11.44、11.63 亿吨，占比分别为 27.5%、36.0%、36.6%；货物周转量分别为 2 125.26、1 637.20、1 865.62 亿吨公里，占比分别为 37.8%、29.1%、33.1%；平均运距分别为 243、143、160 公里。

4. 货类构成

货运量的主要货类构成中，"矿建材料及水泥"占比最高，为 38.7%；其次是"煤炭及制品"，占比 12.6%；"轻工医药产品""金属矿石""机械设备电器""鲜活农产品"等货类次之，占比分别为 7.9%、7.1%、6.7% 和 5.9%。

5. 经营情况

2019 年 9 月主营道路货物运输业务的企业平均资产负债率为 76.9%，营业利润率为 5.0%。个体经营户平均营业收入为 2.44 万元，燃油费、通行费、保险费、维修费等支出为 1.55 万元。此外，还需承担车辆折旧费用、人工成本等。

第四章
历次公路运输
统计改革

第一节　统计手段改革

（一）应用手工及 MIS 系统

2003 年以前，行业统计手段主要有两种：一是手工统计，二是通过 MIS 系统处理数据。MIS 系统一定程度上提高了统计效率，实现了统计报表数据的集中处理；但是也存在比较大的缺点，只要统计报表或者数据处理需求发生变化，系统就需要重新开发，非常不灵活。

（二）采用单机版平台软件

为了提升统计工作的效率与智能化，避免因为统计报表和需求变化致使软件重新开发带来的人力和物力的额外投入，2003 年，交通运输部综合规划司组织开发了交通行业综合统计信息管理平台。交通行业综合统计信息管理平台软件是一套集报表任务定制，报表数据收集、审核、汇总、上报，以及统计数据查询、分析、应用等功能于一体的统计信息管理软件，其界面清晰、操作简单，功能齐全实用，具有较强的统计数据存储和管理功能。

根据用户的要求，平台软件工具栏中的功能按钮基本按照统计工作的操作流程设计（图4-1）。

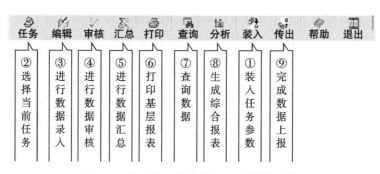

图4-1　综合统计信息管理平台主要功能

从图4-1可以看出,使用单机版平台软件前需要装入任务参数,再选择当前任务,然后就可以进行数据的编辑录入,录入完成后需要对报表数据进行审核,用户根据需要可以进行汇总、打印、查询、分析,然后将录入的数据进行上报。

平台主界面的功能菜单、按钮与录入界面功能菜单、按钮之间的区别为:平台软件主界面的功能菜单和按钮是针对所有单位进行批量处理时使用的,而录入界面的相应功能菜单和按钮只在针对某一个单位进行处理时使用。例如,平台软件主界面工具栏中的"审核"功能,是对所有单位的所有数据进行审核;而录入界面中的"审核"功能只能审核某一个单位的某张报表。

单机版平台软件的操作流程如图4-2所示。

交通行业综合统计信息管理平台开发应用后,在交通运输行业统计中发挥了重要作用,广泛应用于交通运输综合统计、港口统计、城市客运统计、固定资产投资统计、道路运输统计、科技统计、海事统计、工资统计等统计领域,为推动行业统计工作质量不断提升提供了有力系统支撑。

(三)利用网络报送

信息化是统计工作能力建设的重要抓手。交通运输部"十二五"信息化发展规划明确提出要统一组织开展交通运输经济运行监测预警与决策分析重大工程建设,交通运输统计分析监测和投资计划管理信息系统工程是这一重大工程的重要支撑项目,也是《公路水路交通运输信息化"十二五"发展规划》(交规划发〔2011〕192号)提出的第四项重大工程的重要组成部分。

交通运输统计分析监测和投资计划管理信息系统(图4-3)建成投入使用以来,广泛应用于交通运输综合统计、港口综合统计、交通固定资产投资统计、城市客运统计、交通运输能耗统计监测等统计业务领域,实现了统计、投资、规划业务"三位一体"协同办公,加强了部、省两级联网联动,推动了统计系统与相关业务系统的有效衔接,拓展了统计数据的采集渠道,强化了统计综合分析、行业运行动态信息监测和共享服务。

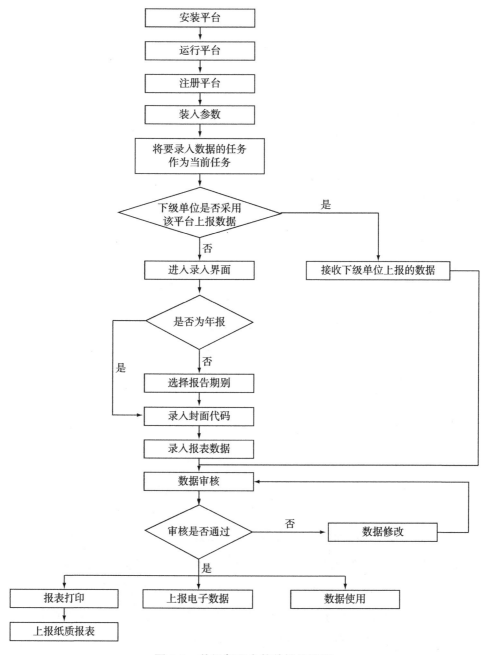

图4-2　单机版平台软件操作流程

图4-3　网络版统计报表管理子系统界面

（四）联网直报

交通运输企业"一套表"联网直报是《交通运输统计发展纲要》中明确的"十三五"时期交通运输统计改革发展的重点工作和核心任务，也是建设现代交通运输统计体系的关键内容。依托交通运输企业"一套表"联网直报系统（图4-4），利用先进的互联网信息化技术，精简报表制度、统一信息平台、重构业务流程，推动实现统计生产方式和业务流程的全面创新，提高统计数据生产透明度，降低人为干预，提升统计数据质量，有助于更好地发挥行业统计服务经济发展、服务行业管理、服务社会公众的基础性、导向性作用。

自2018年启动至今，联网直报工作取得了明显成效，具体如下。

1. 全面变革统计数据生产流程，有效解决统计工作长期痛点

通过推行"一套表"联网直报，由原有"层层汇总、逐级上报"的传统统计业务流程，改为企业原始数据直接到部，各级交通运输主管部门同步审核、充分共享的新型业务流程。新流程数据报送过程透明、数据监管全程留痕，大幅减少中间环节对统计数据的干扰，有效解决基础数据来源不明、数据汇总方法不清的统计痛点，加快了统计工作的规范化和标准化进程。

图4-4 交通运输企业"一套表"联网直报系统界面

2.建成交通运输基本单位名录库,摸清公路水路行业微观主体规模

交通运输基本单位名录库是实施企业统计工作的基础数据库。按照"不重不漏、真实准确、部省共建、定期更新"的要求,建成了涵盖公路运输、水路运输、城市客运、港口等子行业近60万家基本单位名录库,摸清了公路水路行业微观主体规模,并持续开展动态更新工作,为推动统计数据质量提升奠定了坚实基础。

3.规范重组企业统计调查制度,真正实现统计数据数出一处

按照"统一设计、避免重复、适应需求、合理精简"的原则,对交通运输部内由企业填报的统计调查制度进行精简重组,清理规范现有制度,合理淘汰"僵尸指标",形成了一套全新集企业基本情况、财务状况、生产经营、能源消耗、景气调查于一体的《交通运输企业统计调查制度》。有效解决了统计任务多头布置、统计指标交叉重复的问题。

4.数据质量稳步提升,已成为数据采集主渠道

公路客运、公共汽电车客运、城市轨道交通、城市客运轮渡、内河客运、海洋客货运输、港口等领域的"一套表"联网直报已经取代传统统计报送工作,行

业统计数据完全依托"一套表"联网直报数据直接汇总生成；道路货运行业也变革统计方法，"一套表"中规模以上企业运输量是现行运输量统计方法数据测算的重要组成部分；部水运局依托水路运输和港口名录库数据开展船舶受电设施安装使用情况和港口岸电设施建设使用情况的调查工作。

5. 联网直报系统运行稳定，有效支撑万家企业网络报送

"一套表"联网直报系统按照"一数到顶、同步监管、全程留痕、共用共享"的统计理念建设完成。对于数据的报送、审定、退回、修改等各项操作进行了全程跟踪和记录，直报系统有效支撑了6万余家企业同步在线填报，实现了部省市县四级管理部门线上数据审核和验收，实现了信息化技术在交通运输统计领域的重大创新，是行业"一套表"联网直报统计改革真正实施落地的重要手段。

第二节　统计方法改革

（一）公路客运统计方法改革

从历史沿革看,现行客运统计发展大体可分为四个阶段。

1. 以公路客运为主(1949—2009年)

1949年建立交通运输统计体系时,即按照公路客运的管理职责,设立了公路部门客运量统计指标。1986年又将统计范围由交通系统内扩大至全社会所有公路客运经营业户。2008年以前的统计范围为传统的班车包车客运量。2008年起发生调整,统计范围原则上为所有在公路上产生客运量的营业性载客汽车,将在公路上进行旅客运输的公共汽(电)车、出租客车纳入公路运输量的统计范围,仅在城市内道路上进行旅客运输的公共汽电车、出租车不纳入公路运输量统计范围。

2. 公路客运与城市客运并举(2010—2012年)

2010年,城市客运统计职责由住房和城乡建设部划转至交通运输部,交通运输部相应建立了《城市(县城)客运统计报表制度》,统计范围为公共汽电车、轨道交通、巡游出租汽车、轮渡客运量。自此,公路和城市客运统计均由交通运输部负责。在公路上进行旅客运输的公共汽(电)车、出租客车纳入公路运输量的统计范围,仅在城市内道路上进行旅客运输的公共汽电车、出租车不纳入公路运输量统计范围。

3. 大交通客运体系(2013—2022年)

2013年,随着大部制改革实施,"大交通"客运量体系逐步建立,涵盖铁路、公路、水路、民航和城市客运,与城市客运并行组成客运统计体系。自2013年起,公路客运统计范围原则上为在公路运输管理部门注册登记并在公路上运营的营业性载客汽车所产生的客运量,仅在公路上进行旅客运输的公共汽

（电）车、出租客车不纳入公路运输量的统计范围。

4. 客运统计改革（2023年至今）

2023年，为全面真实反映全社会人员流动情况，持续深化客运统计改革，不断提高客运统计和运行监测数据的准确性、及时性，更好体现综合交通运输发展实际、更好服务人民群众出行、更好支撑国家GDP核算和行业管理决策，交通运输部实施了客运统计改革，打破了"营业性"的限制，建立了覆盖更加全面、更加符合实际的人员流动量统计体系，既包括铁路、公路、水路、民航营业性客运，也包括公路非营业性出行，同时对公路营业性客运、城市客运内涵进行了优化完善。其中，公路人员流动量包括高速公路及普通国省道非营业性小客车出行量以及公路营业性客运量（包含班车包车客运量、公共汽电车城际城乡客运量、巡游出租汽车城际城乡客运量、网络预约出租汽车城际城乡客运量）。

（二）公路货运统计方法改革

1. 全面调查（1949—1991年）

针对全社会公路货运量（营业性+非营业性），1991年之前采用全面调查的方法获取公路货物运输量。

2. 全面调查+抽样调查（1992—2007年）

为了更加准确获取全社会公路货物运输量，1992—2007年采用"全面调查+抽样调查"。

3. 专项调查+波动系数推算（2008—2020年）

2008年，为适应公路运输市场特点，解决交通统计中存在的总量数据失真、统计口径不全、结构性和区域性运输量数据缺失等问题，交通部在国家统计局的支持下开展了全国公路货物运输量专项调查。2009—2012年公路货物运输量统计时，利用统计报告月份与专项调查实施月份（2008年11月）之间的月度波动系数，以及专项调查已确定的货物运输量基数推算获取，其中，波动系数根据固定样本车辆跟踪调查、公路联网计重收费数据、货运企业典型调查确定。按照每五年搞一次专调摸清底数的原则,2013年交通运输部启动了交通运输业经济统计专项调查,并在2014年制定《公路水路运输量统计试行方案》,在2015年制定《公路水路运输量抽样调查方案》。2019年开展了道路货物运输量专项调查。

4. 规上联网直报+规下推算(2021年至今)

2021年起,道路货物运输量采用"规上+规下"方法,规上企业(主营道路货物运输、年营业收入在1 000万元及以上且拥有货运车辆数在50辆及以上的道路货运法人企业)依托道路货运企业"一套表"联网直报进行全面汇总;规下业户采用高速公路车货总重相关数据、普通国省道交通量观测数据等合成波动系数并生产规下业户运输量。具体公式为:

规下业户运输量=基月规下业户运输量×(高速公路车货总重等数据变化率×权重1+普通国省道货车交通量变化率×权重2+其他参数变化率×权重3)
其中:

(1)高速公路数据。采用高速公路车货总重或高速公路货车交通量、$\sum$(车货总重×行驶里程)或高速公路货车收费总额作为货运量和货物周转量波动系数测算依据。

(2)交通量观测数据。采用平均断面交通量作为货运量和货物周转量的波动系数测算依据。

(3)高速公路数据采用与基月同口径数据进行计算,交通量数据采用与基月同口径,且为连续式观测站点采集的数据进行计算。

(4)高速公路和普通国省道两种测算方法的权重,参考高速公路货运量占全省道路货物运输量的比例进行计算。

(5)海南、西藏等不具备条件采用部级方案的省份可以自行研究编制省级方案,对部级方案进行调整的省份需将省级方案报部衔接后,方可执行。

第五章

公路运输主要统计指标

释义及计算方法

第一节 公路运输主要统计指标及计算方法

一、公路基础设施

1. 公路

公路指具备一定技术条件和设施,经交通运输主管部门验收认定的城间、城乡间、乡间能行驶汽车的公共道路,包括公路桥梁、公路隧道和公路渡口。

统计分组如下。

(1)按技术等级分为等级公路和等外公路。等级公路分为高速公路、一级公路、二级公路、三级公路和四级公路。

(2)按行政等级分为国道、省道、县道、乡道、村道和专用公路。

(3)按铺设路面的等级分为有路面公路和无路面公路。其中有路面公路可分为高级路面公路、次高级路面公路、中级路面公路和低级路面公路。

2. 国道

国道指具有全国性政治、经济意义的主要干线公路。

统计范围:重要的国际公路,国防公路,连接首都与各省、自治区首府和直辖市的公路,连接各大经济中心、港站枢纽、商品生产基地和战略要地的公路。

3. 省道

省道指具有全省(自治区、直辖市)政治、经济意义,连接省内中心城市和主要经济区的公路以及不属于国道的省际的重要公路。

4. 县道

县道指具有全县(含其他县级行政区划)政治、经济意义,连接县城和县内乡(镇)、主要商品生产和集散地的主要公路,以及不属于国道、省道的县际的主要公路。

符合下列条件之一的可确定为县道:

（1）县际的主要公路。

（2）县级政府所在地与所辖区域内乡（镇）政府所在地之间的主要公路。

（3）县级政府所在地与所辖区域内重要的商品生产、集散地、风景名胜区、交通枢纽之间的主要公路。

（4）国省道间的重要连接线。

（5）顺畅连接多个乡（镇）的公路。

5. 乡道

乡道指主要为乡（镇）内部经济、行政服务，在乡与乡和乡与外部之间起联络作用，并且不属于县道及以上的公路。

符合下列条件之一的可确定为乡道：

（1）乡（镇）之间的主要公路。

（2）乡镇政府所在地与县道及以上公路的主要连接线。

（3）乡（镇）政府所在地与所辖区域内建制村所在地之间的主要公路。

（4）顺畅连接多个建制村的公路。

6. 村道

村道指直接为农民群众生产、生活服务，在建制村与建制村和建制村与外部之间起联络作用，并且不属于乡道及以上的公路。

符合下列条件之一的可确定为村道：

（1）建制村之间的主要连接线。

（2）建制村与乡道及以上公路的主要连接线。

（3）建制村所辖区域内，已建成通车的并达到四级及以上技术标准的公路。

7. 高速公路

高速公路指专供汽车分向、分车道行驶，全部控制出入的多车道公路。高速公路年平均日设计交通量需满足《公路工程技术标准》（JTG B01—2014）规定的标准，年平均日设计交通量宜在15 000辆小客车以上。

8. 一级公路

一级公路指供汽车分向、分车道行驶，可根据需要控制出入的多车道公路。

9. 二级公路

二级公路指供汽车行驶的双车道公路。

10. 三级公路

三级公路指供汽车、非汽车交通混合行驶的双车道公路。

11. 四级公路

四级公路指供汽车、非汽车交通混合行驶的双车道或单车道公路。

12. 公路里程

公路里程指报告期末公路的实际长度。计量单位：公里。

（1）统计范围。

①达到《公路工程技术标准》(JTG B01—2014)规定的技术等级的公路里程。

②县乡道中路基宽度≥4.5米或路面宽度≥3.5米路段的等外公路里程。

③村道中路基宽度≥4.5米或路面宽度≥3.0米路段的等外公路里程。

④大、中城市的郊区公路里程。

⑤通过城镇（指县城、集镇）街道的公路里程。

⑥公路桥梁长度、隧道长度、渡口的宽度以及分期修建并已验收交付使用的路段里程。

公路里程不包括自然路、城镇其他道路、断头路、农业生产用道路以及新建公路尚未验收交付使用的路段里程。

（2）统计原则。

①按已竣工验收或交付使用的实际里程计算。

②两条或多条公路共同经由同一路段的重复里程，只计算一次。重复里程是指两条或多条公路共同经由同一路段的里程。重复里程按照行政等级高的公路进行统计，当行政等级相同时按路线编号小的公路进行统计，资料汇总时

不得重复计算。例如,省道 S302 重复国道 G307 线 6 公里,在计算公路里程时,该 6 公里路段只计入国道 G307 线,不计入省道 S302 线。

③分离式上下行路线里程,按路线编号的前进方向,即公路里程桩号排序方向右侧的主线(上行线)进行计算。分离式上下行路线里程是指受地形条件及其他特殊情况限制,公路采用分离式断面路基、车辆分向行驶的路线里程。例如,某路段为分离式上下行路线,其中上行路线长为 10 公里,下行路线长为 12 公里,在计算公路里程时,该路段长度按上行线长度 10 公里计算。

④高速公路匝道不计入公路里程。

⑤无路面路段不得统计为等级公路。

(3)统计分组。

①按公路技术等级分为等级公路里程和等外公路里程。其中,等级公路里程分为高速公路里程、一级公路里程、二级公路里程、三级公路里程和四级公路里程。

②按公路行政等级分为国道里程、省道里程、县道里程、乡道里程、村道里程和专用公路里程。

③按公路铺设路面的等级分为有铺装路面(高级)、简易铺装路面(次高级)和未铺装路面(中级、低级、无路面)。其中,高级路面包括沥青混凝土路面和水泥混凝土路面。

④按公路绿化情况分为可绿化里程和不可绿化里程。可绿化里程按实际绿化情况又可分为已绿化里程和待绿化里程。

13. 车道里程

车道里程指报告期末公路上用于车辆通行的主线车道的长度。计量单位:公里。

(1)计算方法。对拥有不同主线车道数的公路应分段计算。主线车道数是指公路在非高峰时段上下双向用于车辆通行的主要车道数,它不包括用于停车、车辆转弯、收费站、车辆迁回、服务区匝道等用途的车道数。

（2）计算公式。

$$车道里程（公里）= 该路段的公路里程（公里）\times 主线车道数 \quad (5-1)$$

（3）统计分组。

①按公路技术等级分为：高速公路车道里程、一级公路车道里程、二级公路车道里程、三级公路车道里程、四级公路车道里程、等外公路（等外公路按单车道计算车道里程）车道里程。

②按公路行政等级分为：国道车道里程、省道车道里程、县道车道里程、乡道车道里程、村道车道里程、专用公路车道里程。

③按路面等级分为：高级路面公路车道里程、次高级路面公路车道里程、中级路面公路车道里程、低级路面公路车道里程、无路面公路（无路面按单车道计算车道里程）车道里程。

14. 公路密度

公路密度指报告期末一定区域内单位国土面积（人口、车辆）所拥有的公路里程数。计量单位：公里/百平方公里、公里/万人、公里/百辆、公里/（百平方公里万人）$^{1/2}$。

计算方法：

（1）按国土面积计算。计量单位：公里/百平方公里。计算公式：

$$国土公路密度 = \frac{公路里程}{国土面积} \quad (5-2)$$

（2）按人口计算。计量单位：公里/万人。计算公式：

$$人口公路密度 = \frac{公路里程}{人口数} \quad (5-3)$$

（3）按车辆计算。计量单位：公里/百辆。计算公式：

$$车辆公路密度 = \frac{公路里程}{车辆数} \quad (5-4)$$

（4）按国土面积和人口的综合数计算。计量单位：公里/（百平方公里万人）$^{1/2}$。计算公式：

$$综合公路密度 = \frac{公路里程}{\sqrt{（国土面积 \times 人口数）}} \qquad (5-5)$$

15. 公路通达率

公路通达率指报告期末一定区域内已通公路的行政区数量占本区域全部行政区数量的比重。计量单位：%。

（1）计算公式。

$$乡（镇）公路通达率 = \frac{已通公路的乡（镇）数}{乡（镇）总数} \times 100\% \qquad (5-6)$$

$$建制村公路通达率 = \frac{已通公路的建制村数}{建制村总数} \times 100\% \qquad (5-7)$$

（2）乡（镇）、建制村通达标准。乡（镇）、建制村是否通达必须满足以下三点。

一是通达路线技术状况。①乡（镇）通达路线原则上应为四级及以上公路，对于工程艰巨、地质复杂、交通量小或通至人口较少乡镇的路线，路面宽度应≥3.5米。②建制村通达路线原则上按四级公路标准建设，对于工程艰巨、地质复杂、交通量小、占用耕地较多或通至人口较少建制村的路线，路面宽度应≥3.0米。

二是通达路线路面类型。乡（镇）、建制村通达路线的路面类型不能为"无路面"。

三是通达路线必须通至乡镇、建制村的下列位置之一。

对于乡（镇）的通达位置：①穿越乡（镇）政府所在的居民聚居区域；②通至乡（镇）政府驻地；③通至乡（镇）政府所在的居民聚居区域边缘，并与聚居区域内部的一条街道连接。

对于建制村的通达位置：①穿越建制村村委会所在的居民聚居区域；②通至建制村的某个公众活动、服务场所。公众活动、服务场所仅指村委会、学校、敬老院、公共 医疗机构；③通至建制村村委会所在的居民聚居区域或某个人口较多的居民聚居区域边缘，并与聚居区域内部的一条道路连接。

16. 公路通畅率

公路通畅率指报告期末一定区域内已通公路的行政区数量占本区域全部行政区数量的比重。计量单位：%。

（1）计算公式。

$$乡(镇)公路通畅率 = \frac{已通畅的乡(镇)数}{乡(镇)总数} \times 100\% \qquad (5-8)$$

$$建制村公路通畅率 = \frac{已通畅的建制村数}{建制村总数} \times 100\% \qquad (5-9)$$

（2）乡（镇）、建制村通畅标准。乡（镇）、建制村是否通畅必须满足以下两点。

①满足乡（镇）、建制村通达标准。

②通达路线的路面类型为有铺装路面、简易铺装路面或其他硬化路面。有铺装路面：包括沥青混凝土、水泥混凝土路面。简易铺装路面：包括沥青贯入式、沥青碎石、沥青表面处治路面。其他硬化路面：包括石质［含弹石、条石等］、砼预制块、砖铺路面。

17. 路面铺装率

路面铺装率指报告期末有路面公路里程占公路总里程的比率。计量单位：%。

18. 等级公路比率

等级公路比率指报告期末有等级公路里程占公路总里程的比率。计量单位：%。

19. 公路绿化率

公路绿化率指报告期末已绿化公路里程占公路总里程的比率。计量单位：%。

20. 可绿化公路绿化率

可绿化公路绿化率指报告期末已绿化公路里程占可绿化公路总里程的比率。计量单位：%。

21. 交通量

交通量指在单位时间内通过公路某一断面的实际车辆数。计量单位：辆/小时。

计算方法：观测记录一定时间内通过公路某一断面各种类型车辆的数量。

22. 折算交通量

折算交通量指在单位时间内通过公路某一断面的折算车辆数。计量单位：辆/小时。

计算方法：每类车辆的交通量与该类车辆的折算系数乘积之和。

各类型车辆折算系数见表5-1和表5-2。

表5-1　交通量调查车型划分及车辆折算系数

车型	一级分类	二级分类	额定荷载参数	轮廓及轴数特征参数	备注
汽车	小型车	小客车	额定座位≤19座	车长<6米，2轴	包括三轮载货汽车
		小型货车	载质量≤2吨		
	中型车	大客车	额定座位>19座	6米≤车长≤12米，2轴	包括专用汽车
		中型货车	2吨<载质量≤7吨		
	大型车	大型货车	7吨<载质量≤20吨	6米≤车长≤12米，3轴或4轴	

车型	一级分类	二级分类	额定荷载参数	轮廓及轴数特征参数	备注
汽车	特大型车	特大型车	载质量>20吨	车长>12米或4轴以上；且车高<3.8米或车高>4.2米	
		集装箱车		车长>12米或4轴以上；且3.8米≤车高≤4.2米	
摩托车	摩托车	发动机驱动	—	包括轻便、普通摩托车
拖拉机	拖拉机	—	—	包括大、小拖拉机

注：各车型的额定荷载、轮廓及轴数的特征参数可作为不同具体调查方法的车型分类依据。

表 5-2　公路交通情况调查机动车型折算系数参考值

车型	汽车							摩托车	拖拉机
一级分类	小型车		中型车		大型车	特大型车		摩托车	拖拉机
二级分类	中小客车	小型货车	大客车	中型货车	大型货车	特大型车	集装箱车		
参考折算系数	1	1	1.5	1.5	3	4	4	1	1

注：交通量折算采用小客车为标准车型。

23.可通行能力

可通行能力指在现实的公路和交通条件下,单位时间内一个车道或一条公路某一路段可以通过的最大折算车辆数。计量单位:辆/小时。

109

24. 设计通行能力

设计通行能力指公路交通的运行状态保持在某一设计的服务水平时，单位时间内公路上某一路段可以通过的最大折算车辆数。计量单位：辆/小时。

25. 交通拥挤度

交通拥挤度指公路上某一路段折算交通量与设计通行能力的比值。计量单位：%。

计算公式：

$$交通拥挤度 = \frac{折算交通量}{设计通行能力} \times 100\% \tag{5-10}$$

26. 公路桥梁数量

公路桥梁数量指报告期末公路桥梁的实际数量。计量单位：座。

（1）计算方法。

①对于上下行路线及带有辅道的路线，两幅路上同一断面的并行桥梁按两座桥梁计算。

②由于路线的多次加宽，单幅路同一断面会出现两座以上不同建设年代、不同结构形式、不同荷载等级的桥梁，计为一座桥梁。

③互通式立交桥梁计为一座桥梁。

④在高填土路堤公路上设置的类似桥梁的通道，其跨径符合"桥梁涵洞按跨径分类标准"中桥梁标准的，计入公路桥梁数量。

（2）统计分组。

①按桥梁的建筑材料和使用年限分组：永久性桥梁、半永久性桥梁、临时性桥梁数量。

②按桥梁的跨径分组：特大桥、大桥、中桥、小桥。

③按桥梁的技术等级分组：一类桥梁、二类桥梁、三类桥梁、四类桥梁数量。

（3）分类标准见表5-3。

表5-3　公路桥梁按跨径分类标准

桥梁分类	多孔跨径总长/米	单孔跨径L_k/米
特大桥	$L>1\,000$	$L_k>150$
大　桥	$100\leqslant L\leqslant 1\,000$	$40\leqslant L_k\leqslant 150$
中　桥	$30<L<100$	$20\leqslant L_k<40$
小　桥	$8\leqslant L\leqslant 30$	$5\leqslant L_k<20$
涵　洞	—	$L_k<5$

27. 公路桥梁长度

公路桥梁长度指报告期末公路桥梁的实际长度。计量单位:延米。

（1）计算方法:有桥台的桥梁为两岸桥台侧墙或八字墙尾端间的距离,无桥台桥梁为桥面行车道长度。

（2）统计分组:同公路桥梁数量分组。

28. 桥梁良好率

桥梁良好率指报告期末一类、二类公路桥梁数量(长度)占公路桥梁数量(长度)的比重。计量单位:%。

（1）按桥梁数量计算:

$$桥梁良好率 = \frac{一、二类桥梁数量}{公路桥梁数量} \times 100\% \qquad (5-11)$$

（2）按桥梁长度计算:

$$桥梁良好率 = \frac{一、二类桥梁长度}{公路桥梁长度} \times 100\% \qquad (5-12)$$

29. 涵洞数量

涵洞数量指报告期末涵洞的实际数量。计量单位:道。

30. 公路隧道数量

公路隧道数量指报告期末公路隧道的实际数量。计量单位:处。

(1)统计分组:按公路隧道长度分为特长隧道、长隧道、中隧道、短隧道数量。

(2)分类标准见表5-4。

表5-4　公路隧道按长度分类标准

隧道分类	特长隧道	长隧道	中隧道	短隧道
隧道长度 L(米)	$L>3\,000$	$3\,000\geqslant L\geqslant 1\,000$	$1\,000>L>500$	$L\leqslant 500$

31. 公路隧道长度

公路隧道长度指报告期末公路隧道的实际长度。计量单位:米。

(1)计算方法:隧道长度按进出口洞门端墙面之间的距离计算,即两端墙墙面与路面的交线同路线中线交点间的距离

(2)统计分组:同公路隧道数量分组。

32. 公路渡口数量

公路渡口数量指报告期末公路渡口的实际数量。计量单位:处。

统计分组:一般分为机动渡口、非机动渡口数量。

33. 公路渡口宽度

公路渡口宽度指报告期末公路渡口两岸码头间的距离。计量单位:米。

34. 收费公路里程

收费公路里程指报告期末公路总里程中,收取车辆通行费的公路里程数。计量单位:公里。

统计分组:收费公路里程一般根据收费公路的性质分为收费还贷、收费经营、其他收费公路里程三类。

35.收费公路里程比率

收费公路里程比率指报告期末收费公路里程占公路总里程的比率。计量单位:%。

计算公式:

$$收费公路比率 = \frac{收费公路里程}{公路总里程} \times 100\% \qquad (5-13)$$

36.收费公路通行量

收费公路通行量指报告期内通过收费公路的实际车次数。计量单位:辆。

统计分组:一般有以下分组。

(1)按通行车辆的核定吨(客)位分组。

(2)按是否收取通行费分为收费车辆通行量和免费车辆通行量。

37.收费公路桥梁数量

收费公路桥梁数量指报告期末单独收取通行费的公路桥梁实际数量。计量单位:座。

统计分组:同收费公路通行量分组。

38.收费公路桥梁通行量

收费公路桥梁通行量指报告期内通过收费公路桥梁的实际车次数。计量单位:辆。

统计分组:同收费公路通行量分组。

39.收费公路隧道数量

收费公路隧道数量指报告期末单独收取通行费的公路隧道实际数量。计量单位:处。

统计分组:同收费公路通行量分组。

40.收费公路隧道通行量

收费公路隧道通行量指报告期内通过收费公路隧道的实际车次数。计量单位:辆。

统计分组:同收费公路通行量分组。

41.收费公路渡口数量

收费公路渡口数量指报告期末单独收取通行费的公路渡口实际数量。计量单位:处。

统计分组:同收费公路通行量分组。

42.收费公路渡口通行量

收费公路渡口通行量指报告期内通过收费公路渡口的实际车次数。计量单位:辆。

统计分组:同收费公路通行量分组。

43.车辆通行费收入

车辆通行费收入指报告期内向通行车辆收取的通行费金额。计量单位:元。

统计分组:一般有以下分组。

(1)按设施类型分为公路、桥梁、隧道车辆通行费收入。

(2)按收费性质分为经营性、还贷性、其他通行费收入。

(3)按通行车辆的核定吨(客)位分组。

44.收费站数量

收费站数量指报告期末收费站点的实际数量。计量单位:个。

统计分组:一般分为公路、桥梁、隧道、渡口收费站数量。

45.收费站密度

收费站密度指报告期末单位收费公路里程的收费站数量。计量单位:个/百公里。

计算公式:

$$收费站密度 = \frac{收费站数量}{收费公路里程} \tag{5-14}$$

46.公路客运站数量

公路客运站数量指报告期末公路客运站的实际数量。计量单位:个。

(1)统计分组。按客运站规模分为等级车站、便捷车站、招呼站数量,其中等级车站分为一级站、二级站、三级站。

(2)级别划分依据:《汽车客运站级别划分和建设要求》(JT/T 200-2020)。

47.公路货运站数量

公路货运站数量指报告期末公路货运站的实际数量。计量单位:个。

(1)统计分组。按货运站的级别分为一级、二级、三级、四级货运站数量。

(2)货运站站级划分依据:《公路货运站站级标准及建设要求》(JT/T 402-2016)。

二、公路运输装备

1.公路旅客营运车辆

公路旅客营运车辆指持有有效道路运输证,最近年审日期在两年内,未办理报废、注销、转出手续,从事营业性公路旅客运输经营的车辆。

(1)统计范围。公路旅客营运车辆不包括以下车辆:①租赁客车;②公共汽电车和出租汽车;③公路养护、卫生救护、公安消防等工作专用车辆;④在机场、港口作业区、车站为内部换乘而进行旅客运输的各种车辆。

(2)统计分组。一般按以下方式分组:①按经营范围分组,分为客运班车、客运包车;②按标记客位分组,分为大型客车、中型客车、小型客车;③按车长分组,分为特大型客车、大型客车、中型客车、小型客车;④按等级分组,分为高级客车、中级客车、普通客车;⑤按燃料类型分组,分为汽油车、柴油车、液化石油气车、天然气车、双燃料车、纯电动车、混合动力车、燃料电池车、其他燃料车。

（3）分类标准。

①按车长分：见表5-5。

表5-5　按车长分类的车辆标准

类型	特大型*	大型	中型	小型
车长L	12米$<L\leqslant$13.7米	9米$<L\leqslant$12米	6米$<L\leqslant$9米	$L\leqslant$6米

注：*表示三轴客车。

②按标记客位分：见表5-6。

表5-6　按标记客位分类的车辆标准

类型	大型	中型	小型
标记客位P	30座$<P$	16座$\leqslant P\leqslant$30座	$P\leqslant$15座

2. 公路旅客营运车辆数

公路旅客营运车辆数指报告期末从事营业性公路旅客运输的车辆数量。计量单位：辆。

统计分组：同公路旅客营运车辆分组。

3. 公路旅客营运车辆客位数

公路旅客营运车辆客位数指报告期末从事营业性公路旅客运输的车辆的标记或核定客位。计量单位：客位。

统计分组：同公路旅客营运车辆分组。

4. 平均客位

平均客位指平均每辆公路旅客营运车辆所拥有的客位数。计量单位：客位/辆。

计算公式：

$$平均客位 = \frac{车辆客位数}{车辆数} \qquad (5-15)$$

5. 公路货物营运车辆

公路货物营运车辆指持有有效道路运输证,最近年审日期在两年内,未办理报废、注销、转出手续,从事营业性公路货物运输经营的车辆。

（1）统计范围。

公路货物营运车辆不包括以下车辆：①公路养护、车辆修理、城市环卫、公安消防、地质勘探、输配电线路建设和维护等专用车辆；②在机场、港口作业区、车站内部为装卸而进行搬运的各种运输车辆；③在驾校、试验场内供教学或实验使用的各种车辆。

（2）统计分组。

①按是否一体式分组,分为货车、牵引车、挂车。

②按车型结构分组,分为普通、平板、仓栅式、厢式、封闭、罐式、特殊结构、自卸、车辆运输、集装箱车等。

③按经营范围分组,分为普通载货汽车、专用载货汽车。

④按燃料类型分组,分为汽油车、柴油车、液化石油气车、天然气车、双燃料车、纯电动车、混合动力车、燃料电池车、其他燃料车。

6. 公路货物营运车辆数

公路货物营运车辆数指报告期末从事营业性公路货物运输的车辆数量。计量单位:辆。

统计分组:同公路货物营运车辆分组。

7. 公路货物营运车辆吨位数

公路货物营运车辆吨位数指报告期末从事营业性公路货物运输的车辆的标记或核定吨位。计量单位:吨位。

统计分组：同公路货物营运车辆分组。

8. 平均吨位

平均吨位指平均每辆公路货物营运车辆所拥有的吨位数。计量单位：吨位/辆。

计算公式：

$$平均吨位 = \frac{车辆吨位数}{车辆数} \qquad (5-16)$$

三、公路运输生产

1. 公路人员流动量

公路人员流动量通过公路运输完成的城际间、城乡间人员流动规模。包括非营业性小客车出行量和营业性客运量。计量单位：人次。

2. 非营业性小客车人员出行量

非营业性小客车人员出行量指9座及以下小客车经由高速公路（不含海南、西藏）和普通国省道上完成的城际、城乡间出行规模。计量单位：人次。

3. 公路营业性客运量

公路营业性客运量指通过公路运输完成的班车包车客运量、公共汽电车城际城乡客运量和出租汽车（含巡游出租汽车、网络预约出租汽车）城际城乡客运量。计量单位：人次。

4. 班车包车客运量

班车包车客运量指报告期内班车包车实际运送的旅客人数。计量单位：人次。

（1）计算方法：①在计算客运量时，不管旅客行程的长短或客票票价多少，每位乘客均按一人计算；②不足购票年龄免购客票的儿童及持有免费乘车证的人员，均计算客运量。

（2）统计原则：①按客运车辆经营权统计；②按发送量统计，即按实际上车的旅客人数统计；③按实际人数统计。

（3）统计分组：按车辆经营范围分组，分为班车（含定线旅游客运客车）、包车（含非定线旅游客运客车）客运量；班车（含定线旅游客运客车）客运量按经营区域和营运线路长度，分为一类（含定线旅游）、二类（含定线旅游）、三类（含定线旅游）、四类（含定线旅游）客运班线客运量。

5. 班车包车旅客周转量

班车包车旅客周转量指报告期内班车包车实际运送的每位旅客与其相应运送距离的乘积之和。计量单位：人公里。

（1）计算公式：

$$旅客周转量 = \Sigma（运送的每位旅客 \times 该旅客运送距离）\qquad（5-17）$$

（2）统计分组：同公路客运量分组。

（3）举例。

情形一：直达客车，乘客人数为10，途中无上下客，起终点距离为10公里。

$$旅客周转量 = 10（乘客人数）\times 10（运送距离）= 100（人公里）$$

情形二：非直达客车，运输中有一个或多个停靠点，有10个旅客坐了10公里，有20个旅客坐了20公里（表5-7）。

表5-7　旅客运输情况

乘客人数/人	运送距离/公里	备注
10	10	
20	20	

$$旅客周转量 = 10 \times 10 + 20 \times 20 = 500（人公里）$$

情形三：非直达客车，运输中有一个或多个停靠点，起点站上了20个旅客，其中5个旅客坐了10公里后在中途下车，同时中途站又上了10个旅客，然后行驶20公里到终点站（表5-8）。

表5-8　旅客运输情况（有中途上下客）

乘客人数/人	运送距离/公里	备注
5	10	起点站上客人数
15	30	起点站上客人数还剩下15个人在车上
10	20	中途站上车旅客人数

旅客周转量 = 5 × 10 + 15 × 30 + 10 × 20 = 700（人公里）

情形四：复杂情况，乘客上下车频繁、班次频繁，且无完整售票记录，可以进行一两次跟车调查，了解准确情况后，进行估算。

6. 货运量

货运量指报告期内运输车辆实际运送的货物重量。计量单位：吨。

（1）统计原则：

①按货运车辆经营权统计；②按到达量统计，即在报告期内已完成运输趟次的货物，才可统计为该报告期的货运量；③按实际重量统计；④在港、站、厂等区域内，或为装卸而进行的运送距离不足一公里的搬运量和倒载、转堆等作业量，均不得统计为货运量。

（2）统计分组：一般按运送的货物种类分别统计。

7. 货物周转量

货物周转量指报告期内运输车辆实际运送的每批货物重量与其相应运送距离的乘积之和。计量单位：吨公里。

（1）计算公式：

$$货物周转量 = \sum（运送的每批货物重量 × 该批货物的运送距离）$$

（5-18）

（2）统计分组：同货运量分组。

（3）举例。

情形一：一辆货车，运送10吨货物，起终点距离为10公里。

货物周转量 = 10（货物重量）× 10（运送距离）= 100（吨公里）

情形二：一辆货车，运送10吨货物，运送了10公里后，卸下5吨货物，剩下5吨货物再运送了10公里后到达目的地（表5-9）。

表5-9　货物运输情况

运送货物/吨	运送距离/公里	备注
10	10	
5	10	剩下的5吨货物

货物周转量 = 10 × 10 + 5 × 10 = 150（吨公里）

情形三：一辆货车，运送10吨货物，运送了10公里后，卸下5吨货物，然后再装上10吨货物，运送了10公里后到达目的地。如表5-10所示。

表5-10　货物运输情况（中途有装卸）

运送货物/吨	运送距离/公里	备注
10	10	
15	10	卸下5吨再装上10吨，一共还剩下15吨

货物周转量 = 10 × 10 + 15 × 10 = 250（吨公里）

8. 平均运距

平均运距指运输车辆实际运送旅客（货物）的平均距离。计量单位：公里。

计算公式：

$$旅客平均运距 = \frac{旅客周转量}{客运量} \tag{5-19}$$

$$货物平均运距 = \frac{货物周转量}{货运量} \tag{5-20}$$

121

9. 运输密度

运输密度指报告期内,某一行政区划内的公路或某一运输线路(区段)平均每一公里所承担的换算周转量,亦称换算密度。计量单位:吨公里/公里。

计算公式:

$$运输密度 = \frac{换算周转量}{公路线路长度} \qquad (5-21)$$

注:10人公里=1吨公里。

10. 总行程

总行程指报告期内运输车辆在实际工作中所行驶的总里程。计量单位:车公里。

计算原则:总行程不包括为进行保养、修理而进出保修厂及试车的里程。

11. 载运行程

载运行程指报告期内车辆载有客、货(不论是否满载)的行驶里程。计量单位:车公里。

12. 空驶行程

空驶行程指报告期内车辆总行程中空车行驶的里程。计量单位:车公里。

13. 里程利用率

里程利用率指报告期内载运行程在总行程中所占的比重。计量单位:%。

计算公式:

$$里程利用率 = \frac{载运行程}{总行程} \times 100\% \qquad (5-22)$$

14. 空驶率

空驶率指报告期内车辆空驶行程在总行程中所占的比率。计量单位:%。

计算公式:

$$空驶率 = \frac{空驶行程}{总行程} \times 100\% \qquad (5-23)$$

15. 经营业户数

经营业户数指报告期内,持有有效经营许可证,从事营业性公路客货运输的经营业户数量。计量单位:户。

统计分组:一般按经营范围分组。

16. 从业人员数

从业人员数指报告期末最后一日 24 时在本单位工作,并取得工资或其他形式劳动报酬的人员数。

计算原则:从业人员数为时点指标,包括在岗职工、劳务派遣人员及其他从业人员。

从业人员不包括:

(1)最后一日当天及以前已经与单位解除劳动合同关系的人员。

(2)离开本单位仍保留劳动关系,并定期领取生活费的人员。

(3)利用课余时间打工的学生及在本单位实习的各类在校学生。

(4)本单位因劳务外包而使用的人员。

在岗职工:指在本单位工作且与本单位签订劳动合同,并由单位支付各项工资或其他形式劳动报酬及社会保险、住房公积金的人员,以及上述人员中由于学习、病伤、产假等原因暂未工作仍由单位支付工资的人员。

在岗职工还包括:

(1)应订立劳动合同而未订立劳动合同人员。

(2)处于试用期人员。

(3)编制外招用的人员,如临时人员。

(4)派往外单位工作,但工资或其他形式劳动报酬仍由本单位发放的人员(如挂职锻炼、外派工作等情况)。

劳务派遣人员：指与劳务派遣单位签订劳动合同，并被劳务派遣单位派遣到实际用工单位工作，且劳务派遣单位与实际用工单位签订《劳务派遣协议》的人员。

第二节　多式联运主要统计指标及计算方法

一、多式联运基本概念

1. 联合运输

联合运输指从接受委托至到达交付,组织使用两种及以上的运输方式完成的货物运输形式。

2. 多式联运

多式联运指货物由一种且不变的运载单元装载,相继以两种及以上运输方式运输,并且在转换运输方式的过程中不对货物本身进行操作的运输形式。

3. 组合运输

组合运输指干线运输主要采用铁路、水运运输方式,且最先和最后的接驳运输采用短距离公路运输的运输形式。

4. 旅客联程联运

旅客联程联运指铁路、公路、水路、民航等不同运输方式之间为旅客提供一体化票务、信息以及运输服务的客运形式。

5. 运载单元

运载单元指可以在不同运输方式之间实现快速装卸和转换的标准化储运容器,包括但不限于集装箱、可拆卸箱体和半挂车三种。

6. 集装箱多式联运

集装箱多式联运指以集装箱作为运载单元的多式联运。

7. 公铁联运

公铁联运指采用公路和铁路两种运输方式完成的多式联运。

8. 公水联运

公水联运指采用公路和水路两种运输方式完成的多式联运。

9. 空陆联运

空陆联运指采用航空和陆路两种运输方式完成的多式联运。

10. 空路联运

空路联运指采用航空和公路两种运输方式完成的多式联运。

11. 空铁联运

空铁联运指采用航空和铁路两种运输方式完成的多式联运。

12. 公铁水联运

公铁水联运指采用公路、铁路和水路三种运输方式完成的多式联运。

13. 猪背运输

猪背运输指铁路运输、道路运输车辆的多式联运形式。

14. 箱驮运输

箱驮运输指铁路运输集装箱的多式联运形式。

15. 铁路双层集装箱运输

铁路双层集装箱运输指铁路运输双层集装箱的多式联运形式。

16. 卡车航班

卡车航班指与航空班线紧密衔接以实现航空货物转运的卡车班线组织形式。

二、多式联运装备

1. 集装箱

集装箱是一种供货物运输的装备,应满足以下条件:

(1)具有足够的强度和刚度,可长期反复使用。

(2)适于一种或者多种运输方式载运,在途中转运时,箱内货物不需要换装。

(3)具备便于快速装卸和搬运的装置,特别是从一种运输方式转移到另一种运输方式。

(4)便于货物的装满和卸空。

(5)具有1立方米及其以上的容积。

(6)是一种按照确保安全的要求进行设计,经具有防御无关人员轻易进入的货运工具。

2. 内陆集装箱

内陆集装箱指仅用于内陆运输的非ISO标准集装箱。

3. 公铁两用挂车

公铁两用挂车指一种可放置于铁路转向架上的公路挂车。

4. 厢式半挂车

厢式半挂车指一种在封闭载货空间内载运货物的半挂车。

5. 交换箱

交换箱指一种配备了可折叠支腿,可实现与载货汽车脱离,以支腿为支撑独立放置于地面的标准化货箱。

三、多式联运设施

1. 物流枢纽

物流枢纽指依托综合交通运输枢纽,承担区域间主要物流中转、交换、衔接等功能,具有集聚和辐射能力的物流设施和物流资源集中地。

2. 物流园区

物流园区指为实现物流设施集约化和物流运作共同化,或出于城市物流设施空间布局合理化的目的而在城市周边等各区域,集中建设的物流设施群与众多物流业者在地域上的物理集结地。

3. 多式联运枢纽

多式联运枢纽指主要承担多式联运功能的物流园区,应基本符合下列要求:

(1)至少有两种以上运输方式连接,并且至少一种方式为铁路、水路或者航空等大运量干线运输方式。

（2）配备有完善的吊装、转运等多式联运装备设施。

（3）主要提供运载单元快速转运服务。

（4）物流功能健全。

（5）具有一定的集聚辐射范围。

（6）能够提供完善的多式联运信息服务。

4. 多式联运型物流园区

多式联运型物流园区指具有多式联运换装、转运及配套服务功能的物流园区。

5. 多式联运站场

多式联运站场指多式联运运载单元快速转换运输方式的场所。

6. 物流中心

物流中心指从事物流活动且具有完善信息网络的场所或组织。应基本符合下列要求：

（1）主要面向社会提供公共物流服务。

（2）物流功能健全。

（3）具有一定的集聚辐射范围。

（4）有较强的存储、吞吐能力。

（5）对下游配送中心客户提供物流服务。

7. 集装箱货运站

集装箱货运站指拼箱货物拆箱、装箱、办理交接的场所。

8. 陆港

陆港指依托铁路或公路等陆路交通，在内陆城市设立，提供货物集散、口岸服务的商贸物流枢纽。

9. 疏港公路

疏港公路指连通港口或码头与国家高速或干线公路的专用公路。

四、多式联运作业

1. 托运

托运指发货人与承运方签订货物多式联运合同,同时实现货物门到门运输的业务活动。

2. 承运

承运指承运人按照多式联运合同,履行货物运输全过程责任的业务活动。

3. 集装化

集装化指用集装单元器具或采用捆扎方法,把物品组成集装单元的物流作业形式。

4. 直接换装

直接换装指物品在物流环节中,不经过中间仓库或站点,直接从一个运输工具换载到另一个运输工具的物流衔接方式。

5. 转运

转运指运载单元更换运输方式而货物本身不发生处理的作业活动。

6. 吊装

吊装指使用起重装备和专用吊具垂直装卸转运多式联运运载单元的作业方式。

7. 滚装

滚装指道路车辆或者半挂车通过滚轮水平装卸转运多式联运运载单元的作业方式。

8. 一次收费

一次收费指由多式联运经营人向托运人一次核收全程所发生的全部费用。

9. 一次保险

一次保险指托运人只需一次性缴纳全程保险费用,即可对货物在多式联运全过程中遭受的承保范围内的风险进行保险。

10. 全程负责

全程负责指多式联运经营人承担的从接受货物到交付客户手中的全过程责任。

五、多式联运参与者

1. 联运经营人

联运经营人与托运人签订多式联运合同并以承运人的身份对运输过程承担全程责任的当事人。

2. 多式联运承运人

多式联运承运人以运送货物或者组织货物或承诺运送货物为主营业务并收取运费的当事人。

3. 实际承运人

实际承运人掌握运输工具并实际参与多式联运分段运输过程的承运人。

4. 无车承运人

无车承运人不拥有货运车辆,但以承运人的身份接受托运人的委托并与实际承运人签订运输合同、承担承运人责任的经营者。

5. 货运代理人

货运代理人代表货主以托运人的名义与承运人签署运输合同,收取代理费用并承担代理合同内规定的责任和风险的经营者。

6. 货运经纪人

货运经纪人撮合承运人和托运人之间的交易并收取交易佣金的经营者。

六、多式联运服务与管理

1. 多式联运合同

多式联运合同指多式联运经营人以两种以上的不同运输方式,负责将货物从接收地运至目的地交付收货人,并收取全程运费的合同。

2. 一单制(一票到底)

一单制(一票到底)指在旅客联程联运(货物多式联运)的全过程中,只凭一份多式联运运单办理所有旅客(货物)运输手续。

3. 多式联运运单

多式联运运单指由多式联运承运人签发的,证明多式联运合同和货物由承运人接管,用于记录多式联运原始运输信息及服务约定,并可在不同运输方式之间流转的一种单证。

4. 多式联运规则

多式联运规则指关于多式联运中的货物运输组织与管理、参与人的权利和义务、经营人的赔偿责任及期间、定价机制和违约处理、运输单证的内容和法律效力等方面的协议、标准或规范。

七、国际多式联运

1. 国际联运

国际联运指按照多式联运合同,以至少两种不同的运输方式,由多式联运经营人将货物从一国境内的接管地点运至另一国境内指定交付地点的货物运输。

2. 国际铁路联运

国际铁路联运指使用一份统一的国际铁路联运票据,由跨国铁路承运人办理两国或两国以上铁路的全程运输,并承担运输责任的一种连贯运输方式。

3. 国际集装箱多式联运

国际集装箱多式联运指按照多式联运合同,以至少两种不同的运输方式,由联运经营人将集装箱货物从一国境内的接管地点运至另一国境内指定交付地点的货物运输。

4. 大陆桥运输

大陆桥运输指用横贯大陆的铁路或公路作为中间桥梁,将大陆两端的海洋运输连接起来的连贯运输方式。

5. 国际货运代理

国际货运代理指接受进出口货物收货人、发货人的委托，以委托人或自己的名义，为委托人办理国际货物运输及相关业务，并收取劳务报酬的经济组织。

八、多式联运生产

1. 多式联运货运量

多式联运货运量指报告期内采用多式联运方式实际运送的货物的重量。计量单位：吨。

计算方法：

一吨货物采用多式联运方式由始发地 A 运送到目的地 B，不管运输过程中涉及几种运输方式，多式联运货运量只统计为一吨。

2. 多式联运货物周转量

多式联运货物周转量指报告期内采用多式联运方式实际运送的每批货物重量与其相应运送距离的乘积之和。计量单位：吨公里

计算公式：

$$多式联运货物周转量 = \sum（每批货物重量 \times 该批货物的运送距离）$$

$$(5-24)$$

举例：

采用多式联运方式将一吨货物由始发地 A 运送到目的地 B，运距为 1 000 公里，涉及铁路、公路、水路、民航共计四种运输方式，其中铁路运距 400 公里、公路运距 100 公里，水路运距 50 公里，民航运距 450 公里。

$$
\begin{aligned}
多式联运货物周转量 &= 1 \times 400（铁路运距）\\
&+1 \times 100（公路运距）\\
&+1 \times 50（水路运距）\\
&+1 \times 450（民航运距）\\
&= 1000（吨公里）
\end{aligned}
$$

3. 多式联运货物转运量

多式联运货物转运量指报告期内进出多式联运枢纽进行转运的换算量。计量单位:吨。

4. 联运货物存储量

联运货物存储量指统计期内联运货物在库场内短期储存的吨数。计量单位:吨。

5. 联运货物周转量

联运货物周转量指报告期内联运货物的吨公里数。计量单位:吨公里。

6. 集装箱多式联运量

集装箱多式联运量指报告期内采用集装箱多式联运方式实际运送的集装箱量。计量单位:TEU、吨、箱。

7. 集装箱多式联运周转量

集装箱多式联运周转量指报告期内,采用集装箱多式联运方式实际运送的集装箱量与其相应运送距离的乘积之和。计量单位:TEU 公里、吨公里、箱公里。

8. 联程旅客运量

联程旅客运量指报告期内旅客联程联运实际运送的旅客人数。计量单位:人。

计算方法:

一名旅客采用旅客联程联运方式由出发地 A 运送到目的地 B,不管旅客联程联运涉及几种运输方式,联程旅客运量只统计为一个人次。

9. 联程旅客周转量

联程旅客周转量指报告期内旅客联程联运实际运送的每位旅客与其相应运送距离的乘积之和。计量单位:人公里。

计算公式:

$$联程旅客周转量 = \sum (运送的每位旅客 \times 该旅客运送距离) \quad (5-25)$$

举例：

采用旅客联程联运方式将一名旅客由出发地A运送到目的地B，运距为1 000公里，涉及铁路、公路、水路、民航共计四种运输方式，其中铁路运距400公里、公路运距100公里，水路运距50公里，民航运距450公里。

$$\begin{aligned} 联程旅客周转量 =\ & 1 \times 400（铁路运距）\\ & +1 \times 100（公路运距）\\ & +1 \times 50（水路运距）\\ & +1 \times 450（民航运距）\\ =\ & 1000（人公里）\end{aligned}$$

10. 公铁联运货运量

公铁联运货运量指报告期内采用公铁联运方式实际运送的货物的重量。计量单位：吨。

11. 公铁联运货物周转量

公铁联运货物周转量指报告期内采用公铁联运方式实际运送的每批货物重量与其相应运送距离的乘积之和。计量单位：吨公里。

12. 公水联运货运量

公水联运货运量指报告期内采用公水联运方式实际运送的货物的重量。计量单位：吨。

13. 公水联运货物周转量

公水联运货物周转量指报告期内采用公水联运方式实际运送的每批货物重量与其相应运送距离的乘积之和。计量单位：吨公里。

14. 空路联运货运量

空路联运货运量指报告期内采用空路联运方式实际运送的货物的重量。计量单位：吨。

15. 空路联运货物周转量

空路联运货物周转量指报告期内采用空路联运方式实际运送的每批货物重量与其相应运送距离的乘积之和。计量单位：吨公里。

16. 公铁水联运货运量

公铁水联运货运量指报告期内采用公铁水联运方式实际运送的货物的重量。计量单位:吨。

17. 公铁水联运货物周转量

公铁水联运货物周转量指报告期内采用公铁水联运方式实际运送的货物的重量。计量单位:吨。

第六章

公路运输

统计实务

第一节　公路基础设施统计实务

1. 知识脉络

公路基础设施统计知识脉络见图6-1。

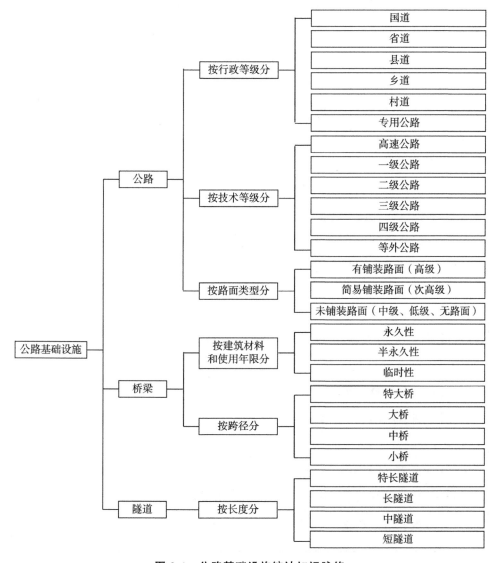

图6-1　公路基础设施统计知识脉络

2.填报要点

（1）公路里程按行政区划属地原则进行统计，对于跨行政区域养护的公路，原则上应由公路所在地区进行统计，而不是养护单位所在地区进行统计。

（2）公路纯新增加的里程，原则上要与固定资产投资的本年新增生产能力保持一致。

（3）公路里程年底到达数填报时，要与公路养护统计、电子地图更新数据保持一致。

3.审核要点

（1）每个填报单位的数据（包括总数及分结构的数据）与上年进行对比，重点查看绝对量增长量及同比增速，若数据变化过大，需要核实。

（2）新增高速（国家高速）公路里程超过500公里的数据需要重点核实。

（3）高速公路、国家高速公路本年新增里程与固定资产投资新增生产能力对比审核，差异大的或者不一致需要核实。

（4）全路网数据需和养护统计年报数据完全核对一致。

（5）农村公路（县道、乡道、村道）里程变化情况与电子地图更新联合审核，不一致的需要退回核实修改。

4.例题分析

【计算题1】上年末全省高速公路3 500公里，预计今年12月底将有200公里高速公路竣工验收，年快报中高速公路里程为＿＿＿公里。

【答案】3 700公里。

【解析】年快报应填报全年预计数据。

【计算题2】本年末交通运输部门管理的专用公路4 500公里，其中优选通达路线3 000公里，年报中专用公路里程为＿＿＿公里。

【答案】4 500公里。

【解析】专用公路里程统计范围为交通运输部门管理的所有专用公路。

5.专项分析

本年新增高速公路里程、国家高速公路里程与固定资产投资新增能力关联审核

理论上，高速公路、国家高速公路里程增加，均有固定资产投资项目支撑。因此，公路基础设施年报应与固定资产投资年报关联审核。

【审核方法】计算本年新增高速公路里程、国家高速公路里程，审核里程变化情况与对应的固定资产投资项目的本年新增能力是否一致。

【例1】本年新增高速公路里程120公里，固定资产投资年报项目库中共有3个新建高速公路项目，本年新增能力共120公里，二者一致。

【例2】本年新增高速公路里程120公里，固定资产投资年报项目库中无新建高速公路项目，或新建高速公路项目本年新增能力不等于120公里，需说明原因。

第二节 公路运输装备统计实务

1. 知识脉络

公路营运汽车统计知识脉络见图6-2。

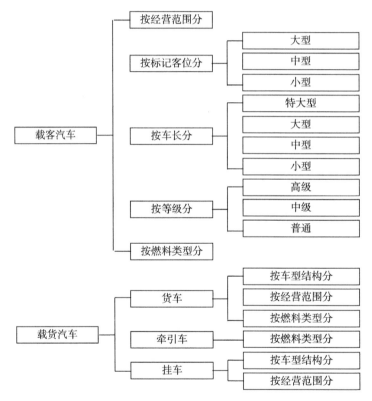

图6-2 公路营运汽车统计知识脉络

2. 填报要点

(1)营业性公路旅客(货物运输车辆)统计范围:指持有有效道路运输证,最近年审日期在两年内,未办理报废、注销、转出手续,从事营业性公路旅客/货物运输经营的车辆。

（2）公路旅客营运车辆不包括以下车辆：①租赁客车；②公共汽电车和出租汽车；③公路养护、卫生救护、公安消防等工作专用车辆；④在机场、港口作业区、车站为内部换乘而进行旅客运输的各种车辆。

（3）公路货物营运车辆不包括以下车辆：①公路养护、车辆修理、城市环卫、公安消防、地质勘探、输配电线路建设和维护等专用车辆；②在机场、港口作业区、车站内部为装卸而进行搬运的各种运输车辆；③在驾校、试验场内供教学或实验使用的各种车辆。

3. 审核要点

【公路旅客营运车辆数量】

（1）查看增量和增速，每个填报单位的数据（车辆数、客位数）与上年进行对比，若数据变化过大（如卧铺客车数量增长），需要核实。

（2）开展关联审核，与基本单位名录库、企业一套表12月的月报、运政库数据进行对比，差异大的需要核实。

（3）进行趋势比较，审核车辆数和客位数的变化是否同一趋势，如果车辆增加、客位减少或者车辆减少、客位增加，需要核实（表6-1）。

表6-1　公路客车车辆与客位数变化情况

情形	车辆数/辆	客位数/客位	备注
情形1	增加	增加	
情形2	减少	减少	
情形3	减少	增加	车辆大型化

（4）准确性审核，采用区间判断法，填报单位的车辆平均载客位不在[4,70]区间内，需要核实。计量单位：（客位/辆）。

$$客车平均载客位 = \frac{车辆客位数}{车辆数} \qquad (6-1)$$

143

【公路货物营运车辆数量】

（1）查看增量和增速，每个填报单位的数据（车辆数、吨位数）与上年进行对比，若数据变化过大（如其他载货机动车数量增长），需要核实。

（2）开展关联审核，基本单位名录库、企业一套表12月的月报、运政库数据进行对比，差异大的需要核实。

（3）进行趋势比较，审核车辆数和吨位数的变化是否同一趋势，如果车辆增加、吨位减少或者车辆减少、吨位增加，需要核实（表6-2）。

表6-2　公路货车车辆与吨位类变化情况

情形	车辆数/辆	吨位数/吨	备注
情形1	增加	增加	
情形2	减少	减少	
情形3	减少	增加	车辆大型化、重型化

（4）准确性审核，采用区间判断法，填报单位的车辆平均吨位不在$[0.1,40]$区间内，需要核实。一般货运车辆平均吨位不会超过40吨/辆，也不会小于0.1吨。计量单位：（吨/辆）。

$$货车平均吨位 = \frac{车辆标记吨位数}{车辆数} \tag{6-2}$$

4.例题解析

【计算题1】某市年末拥有班线客车2万辆，包车3万辆，租赁汽车4万辆。当年该市载客汽车拥有量为____万辆？

【答案】载客汽车数量=2+3=5（万辆）

【解析】根据公路旅客营运车辆拥有量统计范围，租赁客车不包含在营运性载客汽车中，因此该市载客汽车数量为班线客车2万辆加包车3万辆等于5万辆。

【计算题2】某市年末拥有普通货车1万辆,自卸货车2万辆,牵引车1万辆,集装箱挂车2万辆,港口作业专用运输车辆1万辆。当年该市载货汽车拥有量为＿＿万辆?

【答案】载货汽车数量=1+2+1+2=6(万辆)

【解析】根据公路货物营运车辆拥有量统计范围,港口作业区内部为装卸而进行搬运的运输车辆不包含在营运性载货汽车中,因此该市载货汽车数量为普通货车1万辆加自卸货车2万辆加牵引车1万辆加集装箱挂车2万辆等于6万辆。

【计算题3】某市拥有载客汽车7万辆,其中停运1万辆,公路旅客营运车辆拥有量表应填写＿＿万辆。

【答案】7万辆。

【解析】载客汽车统计范围为:持有有效道路运输证,最近年审日期在两年内,未办理报废、注销、转出手续,从事营业性公路旅客运输经营的车辆。当年停运的车辆也包含在内。

第三节　公路运输生产统计实务

1. 知识脉络

公路运输量统计知识脉络见图6-3。

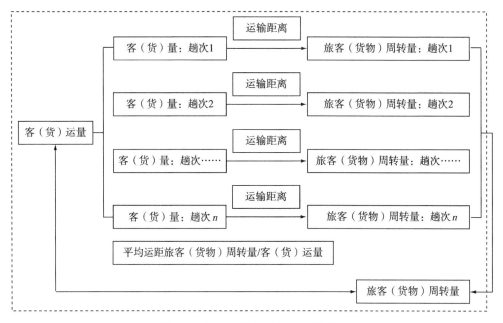

图6-3　公路运输量统计知识脉络

2. 填报要点

【班车包车客运量】

包括返程、中途上车、挂靠车辆客运量。

【道路货运量】

(1)包括挂靠车辆货运量;

(2)集装箱货类:含集装箱车和集装箱挂车货运量。

【计算旅客/货物周转量时所用的运距】

(1)不包括空驶距离；

(2)不能用总客/货运量乘总行驶里程。

3. 审核要点

【客运量、旅客周转量】

(1)查看增速,地区汇总数据同比(环比)增速超过±10%或者每个填报企业的数据同比(环比)增速超过±30%,需要核实。

(2)准确性审核,采用区间判断法,填报单位总的班车包车旅客平均运距不在[5,1 500]区间、一类客运班线平均运距不在[50,1 500]区间、二类客运班线平均运距不在[10,500]区间、三类客运班线平均运距不在[10,200]区间、四类客运班线平均运距不在[5,200]区间、包车客运平均运距不在[5,1 500]区间等情况,需要核实。计量单位:(公里)。

$$旅客平均运距 = \frac{旅客周转量}{客运量} \tag{6-3}$$

(3)关联审核,填报企业单客位日均载客次数超过12次(客车一天行驶距离一般不超过500公里),需要核实。计量单位:(次/日)。

$$日均载客次数 \frac{客运量}{额定载客量 \times 报告期天数} \tag{6-4}$$

【货运量、货物周转量】

(1)查看增速,地区汇总数据同比(环比)增速超过±10%或者每个填报企业的数据同比(环比)增速超过±30%,需要核实。

(2)准确性审核,采用区间判断法,填报单位总的道路货物平均运距不在[10,3 000]区间,需要核实。一般道路货物平均运距不会处于(0,4)和(4000,+∞)区间。计量单位:(公里)。

$$货物平均运距 = \frac{货物周转量}{货运量} \tag{6-5}$$

（3）关联审核,填报企业单吨位日均载运次数超过10次(货车一天行驶距离一般不超过800公里),需要核实。计量单位:(次/日)。

$$日均载运次数 = \frac{货运量}{标记吨位 \times 报告期天数} \qquad (6\text{-}6)$$

4.例题解析

【单选题1】关于班车包车客运量说法,错误的是(　　　)。

A.是营业性班车包车产生的客运量

B.包括城乡公交客运量

C.不包括出租汽车、公共汽电车产生的客运量

D.不包括中途上车的旅客

【答案】D

【解析】班车包车客运量包括中途上车的旅客,D选项明显错误。

【多选题2】某30人团队包车旅游,从火车站出发,途径甲、乙、丙三个景点,游览完毕后将游客送回火车站,每个景点所有游客都下车参观。火车站距甲景点60公里,甲景点距乙景点100公里,乙景点距丙景点50公里,丙景点距火车站80公里。该车的客运量和旅客周转量分别为(　　　)。

A. 30人

B. 120人

C. 34 800人公里

D. 8 700人公里

【答案】A、D

【解析】包车客运,一个合同结束为一个趟次,因此该车共完成一个趟次。客运量为30人,旅客周转量为30×(60+100+50+80)共8 700人公里。

【计算题3】某货车从A市装货20吨,到B市装货15吨,到C市货物全部卸空,空车返回A市。A市距B市120公里,B市距C市70公里,求该车的货运量和货物周转量。

【答案】货运量=20+15=35(吨),货物周转量=20×120+(20+15)×70=4 850(吨公里)

【解析】趟次是从开始装货到货物全部卸空的一个完整过程,因此该车完成1个趟次。货物周转量等于20吨货物乘以运送的120公里加上35吨货物乘以运送的70公里,共4 850吨公里,空车返回的里程不算在周转量中。

第七章

公路运输统计基础知识

与数据质量管控方法

第一节　统计基础知识

一、统计基本概念

1. 统计

统计指对与某一现象有关的数据的搜集、整理、计算和分析等的活动。

一般理解为三个含义:统计工作、统计资料和统计学。

统计是国家治理和经济社会发展的重要综合性基础性工作,承担着全面反映国情国力、客观描述经济社会发展状态、准确揭示经济运行规律的重要职责。

2. 统计工作

统计工作指利用科学的方法搜集、整理、分析和提供关于社会经济现象数量资料的工作的总称。

3. 统计资料

统计资料指通过统计工作取得的,用来反映一定社会经济现象总体或自然现象总体的特征或规律的数字资料、文字资料、图表资料及其他相关资料的总称。

4. 统计学

统计学指研究如何对统计资料进行搜集、整理和分析的理论与方法的科学。

统计学是关于数据的一门学问。所有收集而来的数据都需要经过整理、分析才能得出结论,这就是统计学利用数据解决实际问题的全过程。但是同一个数据可以使用不同的方法进行分析进而得出不同的结论,不同的数据使用同一种方法进行分析也可以得出不同的结论。如天气预报,不同的预报机构其预报结果不尽相同。而且,由统计分析得出的结论往往还具有不确定性(uncertainty），因为其描述的往往是某件事发生的机会（opportunity），可以用概率（probability）来衡量。如天气预报中的降水概率，众所周知，如果降水概率高达90%，那就很可能会下雨（雪）；如果降水概率仅为5%，则大家会认为几乎不会下雨（雪）。但是到底会不会下雨（雪），只能等到预报的那一天真正到来才知道。

统计学所关注的是大量可重复事物现象数量特征。这是因为在某些领域中，有些结论很难像用数学公式或定理那样进行确定性的描述。例如，父母身高比较高，一般人都会认为其孩子身高也会比较高。但是当你去观测某一对父母及其小孩的身高时会发现，有些身高比较高的父母，其孩子身高并不高。所以说，身高具有一定的随机性（randomness）。这种随机性可能跟人的基因、生活环境、后天饮食、生活习惯等各方面的因素都有关系。但是，从总体上来说，身高比较高的父母，其孩子身高保持有比较高的趋势，该规律早已被英国著名生物学家兼统计学家高尔顿（Galton）于1855年通过试验数据所证实。一个人的身高可能高矮程度不同，这是随机的。但是从总体上来说，平均身高的稳定性说明了随机之中存在规律，这种规律就是统计规律。所以，可以更进一步地说，统计学也是一门找出统计规律的学问。

5. 总体

总体指客观存在的，在同一性质基础上结合起来的许多个别事物的整体。

6. 总体单位

总体单位指构成总体的个别事物。

7. 指标

指标指反映总体现象数量特征的概念及其具体数量。

指标都能用数值表示，如 GDP、公路里程等。

8. 标志

标志指说明总体单位特征的名称。

标志分为品质标志和数量标志两种。

品质标志,不能用数值表示,如性别、民族等;数量标志,可以数值表示,如年龄、工资等。

9. 统计分组

统计分组指根据需要将总体中的所有单位按一定的标志区分为若干组成部分的方法。其中每一个部分叫作一个"组"。统计分组和统计指标是统计的两个基本要素。

10. 样本

样本在一个较大范围的研究对象中随机抽出一部分个体的测量值所构成的集合。

11. 全面调查

全面调查指统计调查机构为了取得系统、全面的基本统计资料,对调查对象的所有单位逐一进行调查的一种统计调查方法。目前国家层面实施的全面调查,主要有人口普查、经济普查、农业普查和全面统计报表制度。其中,全面统计报表制度是依照国家有关法律法规,自上而下地统一布置,按照统一的表式、指标、统计标准、报送时间和数据处理程序,逐级定期搜集统计资料的一种调查方式。全面统计报表的实施范围,是已确定的统计总体内的全部单位。

12. 抽样调查

抽样调查指按照一定程序从总体中抽取一部分个体作为样本进行调查,并根据样本调查结果来推断总体特征的数据调查方法。

与其他调查一样,抽样调查也会遇到调查的误差和偏误问题。通常抽样调查的误差有两种:一种是工作误差(也称登记误差或调查误差);一种是代表性误差(也称抽样误差)。但是,抽样调查可以通过抽样设计,通过计算并采用一系列科学的方法,把代表性误差控制在允许的范围之内;另外,由于调查单位少,代表性强,所需调查人员少,工作误差比全面调查要小。特别是在总体包括的调查单位较多的情况下,抽样调查结果的准确性一般高于全面调查。因此,抽样调查的结果是非常可靠的。

13. 普查

普查指为某一特定目的而专门组织的一次性的全面调查。

普查用来调查属于一定时点上或一定时期内的社会现象总量。

普查适于搜集某些不能或不适宜于定期的全面统计报表搜集的统计资料，以摸清重大的国情、国力，是一次性的、全面性的、周期性的。

14. 专项调查

专项调查指为某一特定目的，专门组织的一种搜集特定资料的统计调查。其形式主要是问卷调查、电话调查、媒介调查、走访调查、发表调查、座谈等。如交通运输部开展的全国性的运输量专项调查。

15. 重点调查

重点调查指从调查对象中选择一部分重点单位作为样本进行调查，并根据样本调查结果来推断基本状况或基本的发展趋势的调查方法。

重点调查是一种非全面调查。重点调查的对象可以是一些企业、行业，也可以是一些地区、城市。根据研究问题的不同需要，重点调查可以采取一次性调查，也可以进行定期调查。重点调查的基本特点是调查单位数虽小，但它们在所研究现象的总量中却占有绝大比重，因而对这部分重点单位进行调查所取得的统计数据能够反映经济社会发展变化的基本趋势。一般来讲，在调查任务只要求掌握基本情况，而部分单位又能比较集中反映研究项目和指标时，通常采用重点调查方法。

16. 典型调查

典型调查指根据调查的目的与要求，在对被调查对象进行全面分析的基础上，有意识地选择若干个具有典型意义的或具有代表性的单位进行的调查。

典型调查是一种非全面调查。

进行典型调查的主要目的不在于取得社会经济现象的总体数值，而在于了解与有关数字相关的生动具体情况。

17. 原始资料

原始资料指向调查单位搜集的尚待汇总整理的个体资料。

18. 次级资料

次级资料指经过加工整理的二手资料。

19. 统计设计

统计设计指根据统计研究对象的性质和统计研究的目的,对统计工作各个方面和各个环节的通盘考虑和安排。

统计设计是统计工作第一阶段,是保证统计工作质量的重要前提。其结果表现为各种设计方案,如统计指标体系、分类目录、统计报表制度、统计调查方案等。

(1)统计设计的分类。

①按统计设计研究对象范围分为整体设计和专项设计两类。其中,整体设计指将研究对象作为一个整体,对整个统计工作进行全面设计;专项设计指从研究对象的某一部分出发,对某一具体统计工作项目的设计。

②按统计设计工作阶段分为全过程设计和单阶段设计两种。其中,全过程设计指对整个统计工作进行全面设计,包括内容的确定、统计指标的设计、统计调查方法的选择、统计整理方案的制订等;单阶段设计只对统计工作某一阶段的设计。

(2)统计设计的内容。

①统计设计的内容包括确定统计需求和目的、确定统计调查内容、确定统计调查方法、明确统计调查标准、确定统计调查组织形式、确定统计调查成果及发布形式等。

②统计设计最终的成果一般以统计调查方案(制度)形式的呈现,统计调查方案(制度)应当对调查目的、调查对象、统计范围、调查内容、调查频率、调查时间、调查方法、组织实施方式、质量控制、报送要求、信息共享、资料公布等作出规定,并有规范的统计调查表式,统计报表的表头右上角应注明表号、制

定机关、批准(备案)机关、批准(备案)文号、有效期。

20.统计调查

统计调查指依据统计设计的内容,有计划、有目的、有组织地搜集统计原始资料的工作过程。

统计调查是整个统计工作的基础。

统计调查的分类如下:

(1)按调查范围:分为全面调查和非全面调查两种。

(2)按调查登记的时间是否连续:分为连续调查和不连续调查两种。

(3)按调查组织方式:分为统计报表调查和专门调查两种。

21.统计整理

统计整理统计调查获取的原始资料(或次级资料)进行科学的分类和汇总,使其条理化、系统化的工作过程。

统计整理处于统计工作的中间环节,它是统计调查的继续、统计分析的前提,在调查与分析之间起着承前启后的衔接作用。

统计资料整理的内容包括审核、分组、汇总等。统计资料整理的成果是各种形式的统计数字或统计图表。

统计整理的内容如下:

(1)对原始资料进行审核与检查,如果发现被调查单位的资料不齐全或有差错,需要及时查询订正。

(2)对各项统计调查指标进行综合汇总,并按调查和分析目的的要求进行各种分组,汇总出各组单位数和各项指标的总数。

(3)将汇总的结果编制成统计表与分析表,以便进一步分析和应用。

(4)对统计资料进行系统积累。

22.统计分析

统计分析指在统计整理的基础上,利用科学的统计分析方法,对统计研究对象的数量方面进行计算、分析的工作过程。

统计分析是统计获得成果的阶段。

（1）统计分析的种类

①按内容和范围：分为综合分析与专题分析两种。

②按分析对象：分为宏观分析和微观分析两种。

③按状态：分为规律分析和前景分析两种。

④按时间阶段：分为静态分析和动态分析两种。

（2）常用统计分析方法

①时间序列分析法常用公式：

$$增长量 = 报告期水平 - 基期水平 \qquad (7-1)$$

$$发展速度（100\%）= \frac{报告期水平}{基期水平} \times 100\% \qquad (7-2)$$

$$增长速度（100\%）= \frac{报告期水平 - 基期水平}{基期水平} \times 100\% = （发展速度 - 1）\times 100\%$$

$$(7-3)$$

$$平均发展速度（100\%）= \sqrt[n]{\frac{报告期水平 \gamma_n}{基期水平 \gamma_0}} \times 100\% \qquad (7-4)$$

$$平均增长速度（100\%）= （平均发展速度 - 1）\times 100\% \qquad (7-5)$$

举例：年人均可支配收入，2013 年为 26 359 元，2017 年为 37 022 元。

增长量 = 37 022 - 26 359 = 10 663（元）

$$平均增长速度 = \left(\sqrt[4]{\frac{37\,022}{26\,359}} - 1 \right) \times 100\% = (1.185 - 1) \times 100\% = 18.5\%$$

②均值、方差与离散系数：

$$均值 \bar{x} = \frac{\sum_{i=1}^{n} x_i}{n} \qquad (7-6)$$

$$方差 \sigma^2 = \frac{\sum_{i=1}^{n} (x_i - \bar{x})^2}{n} \qquad (7-7)$$

$$离散系数 V_\sigma = \frac{\sigma}{\bar{x}} \qquad (7-8)$$

离散系数主要用于测度数据离散程度，反映一组数据的差异程度。

二、数据基本描述

1.平均数

平均数也称为均值（mean），一般包括算术平均数和几何平均数两种形式。利用平均数可以将处在不同地区、不同单位的某现象进行空间对比分析，也可以将不同时间内的某现象进行时间对比分析，反映现象一般水平的变化趋势和规律。

2.算术平均数

算术平均数（average）是一组数据相加后除以数据的个数而得到的结果，是度量数据水平的常用统计量，在参数估计和假设检验中经常用到。例如，用职工平均工资来衡量职工工资的一般水平、用平均体重来观察某一人群体重是否超标等。平均数的应用非常广泛，但计算方法比较简单，它等于一个变量的所有观测值相加再除以观测值的数目。

根据所掌握数据的不同，算术平均数有不同的计算公式。根据未经分组数据计算的平均数称为简单平均数。假设一组样本数据为 x_1、x_2、$x_3 \cdots x_n$ 样本量为 n，则简单样本平均数用 $\bar{x}$ 表示，计算公式为

$$\bar{x} = \frac{x_1 + x_2 + \cdots + x_n}{n} = \frac{\sum_{i=1}^{n} x_i}{n} \tag{7-9}$$

若原始数据较多且对其进行了分组，编制成了频数分布数列，这时要计算算术平均数则应采用加权算术平均数，即将各组变量值乘以相应的频数，然后加总求和，再除以总频数。如果数据被分为 k 个组，其计算公式为

$$\bar{x} = \frac{x_1 f_1 + x_2 f_2 + \cdots + x_k f_k}{f_1 + f_2 + \cdots + f_k} = \frac{\sum_{i=1}^{k} x_i f_i}{\sum_{i=1}^{k} f_i} \tag{7-10}$$

3.几何平均数

几何平均数（geometric mean）主要用于计算比率等相对数的平均数，是 n 个比率乘积的 n 次方根。几何平均数有两种计算方法：简单几何平均和加权几何

平均法。若数据集合中每个数据只出现一次，计算其几何平均数应采用简单几何平均法，其计算公式为

$$G = \sqrt[n]{x_1.x_2\cdots x_n} = \sqrt[n]{\pi x} \qquad (7-11)$$

其中，G 表示几何平均数。

当数据集合中每个数据出现的次数不止一次时，计算平均数应采用加权几何平均法。其计算公式为

$$G = \sqrt[f_1+f_2+\cdots+f_n]{x_1^{f_1}.x_2^{f_2}\cdots x_n^{f_n}} = \sqrt[\sum f_i]{\pi x^f} \qquad (7-12)$$

4. 中位数

中位数（median）是将一组数据按照从小到大的顺序排列（或者从大到小的顺序也可以）之后处在数列中点位置的数值，是典型的位置平均数，不受极端变量值的影响。中位数主要用于顺序数据，也可用数值型数据，但不能用于分类数据。

如果数列是奇数，中位数等于第 $\frac{n+1}{2}$ 个数；如果数列是偶数，中位数等于第 $\frac{n}{2}$ 和 $\frac{n}{2}$+1 个数的平均数。对于一组数据来说，中位数是唯一的。

【示例1】有一组数据 1，2，5，9，11。该数列的中位数是？

【解析1】上例中，一共有 5 个数，数列为奇数，$n = 5$，中位数等于第 (5+1)/2 个数，即第 3 个数，也就是 5。

【示例2】有一组数据 1，2，5，9，11，12。该数列的中位数是？

【解析2】上例中，一共有 6 个数，数列为偶数，$n = 6$，中位数等于第 6/2 和(6/2+1)个数的平均数，即第 3 个数 5 和第 4 个数 9 的平均数，也就是 (5+9)/2=7。

5. 众数

众数（mode）是指一组数据中出现次数或出现频率最多的数值，它是一种位置平均数，不受极端变量值的影响。众数主要用于测度分类数据的集中趋势，也可以用来测度顺序数据和数值型数据的集中趋势。一组数据可以有多个众数，也可能不存在众数，对于未分组的定量数据，我们一般很少使用众数。

6.异众比率

异众比率（variation ratio）是指非众数组的频数占总频数的比率。

异众比率主要用于衡量众数对一组数据的代表程度。异众比率越大，说明非众数组的频数占总频数的比重越大，众数的代表性越差；异众比率越小，说明非众数组的频数占总频数的比重越小，众数的代表性越好。异众比率主要适合测度分类数据的离散程度，对于顺序数据以及数值型数据也可以计算异众比率。

计算公式如下。

$$V_r = 1 - \frac{f_0}{\sum f_i} \tag{7-13}$$

其中，f_0 为众数组的频数。

7.极差

极差又称全距（range），是最简单的离散指标，它是一组数据中的最大值和最小值之差，用 R 表示。

计算公式如下。

$$R = \max(x_i) - \min(x_i) \tag{7-14}$$

其中，$\max(x_i)$ 为 i 组数据的最大值，$\min(x_i)$ 为 i 组数据的最小值。

8.平均差

平均差是一组数据与其均值之差的绝对值的平均数，也称为平均绝对差（mean absolute deviation，MAD）。它利用了全部数据计算，因此容易受到极端值的影响，主要用于数值型数据。因其数学性质较差，不常使用。

计算公式如下。

$$未分组：MAD = \frac{\sum |x_i - \bar{x}|}{n} \tag{7-15}$$

$$已分组：MAD = \frac{\sum |x_i - \bar{x}|f}{\sum f} \tag{7-16}$$

9. 离散系数

离散系数(dispersion coefficient)也称作变异系数、标准差系数,它是将一组数据的标准差除以其均值,用来测度数据离散程度的相对数。

计算公式如下。

$$总体数据的离散系数：V_\delta = \frac{\delta}{\bar{x}} \qquad (7-17)$$

$$样本数据的离散系数：V_s = \frac{s}{\bar{x}} \qquad (7-18)$$

三、统计数据分类分级

1. 统计数据

统计数据在开展统计工作过程中采集、存储、使用、加工、传输、提供、公开的任何以电子或者其他方式对信息的记录(包括数字、图表、音频、视频等)。统计数据分为基层数据和综合数据两类。

(1)基层数据:指通过各种方式,从国家机关、企业事业单位、其他组织及个体工商户、住户和个人等统计调查对象获取的各种电子或其他方式的统计资料,包括个人数据、分户数据、企业(单位)数据、项目数据和其他基层数据。

(2)综合数据:指对基层数据进行整理、汇总、推算等加工处理形成的总量、结构、速度、比例、均值、指数等数据,包括国民经济核算数据,交通运输生产经营数据(如客货运输量),固定资产投资等经济社会重点领域的统计数据。

2. 核心统计数据

核心统计数据指对领域、群体、区域具有较高覆盖度或达到较高精度、较大规模、一定深度的重要统计数据,一旦遭到篡改、破坏、泄露或者非法获取、非法利用,可能直接危害政治安全。

核心统计数据主要包括:①关系国家安全重点领域的重要统计数据;②关系国民经济命脉、重要民生、重大公共利益的重要统计数据;③覆盖范围达到全国规模的重大国情国力普查基层数据；④经评估确定为核心统计数据的其他重要统计数据。

3. 重要统计数据

重要统计数据指特定领域、特定群体、特定区域或达到一定精度和规模的统计数据，一旦遭到篡改、破坏、泄露或者非法获取、非法利用，可能直接危害国家安全、经济运行、社会稳定、公共健康和安全。

主要包括：①涉及粮食、资源、能源、科技等重要领域和国家级重大工程、重大项目的有关基层数据和公开发布前的数据；②涉及少数民族、妇女、儿童、老年人、残疾人等特定区域、特定群体的有关基层数据和公开发布前的数据；③涉及国家安全核心利益的重要工农业产品分品种产量、产能等统计数据；④覆盖范围达到省级及以上规模的基层数据，以及能够推算得到省级及以上总量数据的抽样调查样本数据；⑤经评估确定为重要统计数据的其他统计数据。

4. 一般统计数据

一般统计数据指核心统计数据、重要统计数据之外的统计数据。

第二节　统计质量的内涵

统计数据质量是统计工作的"生命"。数据质量的好坏,不仅影响决策正确性与科学性,而且还直接影响政府机构的形象和声誉。随着经济全球化进程的加快和信息网络技术的推广应用,社会各界对统计信息的需求越来越广泛。一方面对统计数据质量提出更高的要求,赋予其更新的内涵;另一方面也为改进和提高统计数据的质量提供了更好的便利条件和手段。根据《国家统计质量保证框架(2021)》,统计数据质量涉及真实性、准确性、完整性、及时性以及适用性、经济性、可比性、协调性和可获得性九个方面。

(一)统计质量评价标准

1. 真实性

真实性要求统计源头数据必须符合统计调查对象的实际情况,确保统计数据有依据、可溯源。侧重于对基础数据质量的评价。

2. 准确性

准确性指数据充分反映现实情况的程度。要求统计数据的误差必须控制在允许范围内,能够为形势判断、政策制定、宏观调控等提供可靠依据。侧重于对统计数据生产科学性的评价。

3. 完整性

完整性要求统计数据应当全面完整,统计范围不重不漏,统计口径完备无缺。侧重于对统计数据全面系统反映客观实际程度的评价。

4. 及时性

及时性要求统计数据生产应当在符合统计科学规律的前提下,尽可能缩短从调查到公布的时间间隔。侧重于对统计数据生产效率的评价。

5. 适用性

适用性要求统计数据能够最大限度为用户所用,统计指标紧跟时代发展、切合统计需求。侧重于对统计用户满意度的评价。

6. 经济性

经济性要求统计数据生产应当尽可能降低成本,统计调查、行政记录、大数据等数据资源得到充分利用。侧重于对统计数据成本效益的评价。

7. 可比性

可比性指同一数据指标在时间上和空间上的可比程度,要求统计数据应当连续、可比,不同时间、空间数据生产使用规范统一的统计标准和统计原则。侧重于对统计工作标准化、规范化程度的评价。

8. 协调性

协调性要求统计数据结构严谨、逻辑合理,各总量数据、结构数据相互之间高度匹配。侧重于对统计数据间逻辑关系的评价。

9. 可获得性

可获得性要求多渠道、多方式公布统计数据,同时公布相应的统计制度方法,加强数据解读,满足社会需求。侧重于对统计服务质量的评价。

(二)统计质量全过程控制

统计质量的全过程控制是指对统计业务流程的各环节进行质量管理和控制,确保各环节质量标准得到满足。包括对确定需求、调查设计、核准备案、任务部署、数据采集、数据处理、数据评估、数据公布与传播、统计分析、项目评估十个环节的质量控制。

1. 确定需求环节的质量控制

(1)准确把握用户需求。分析和权衡现有和潜在的各种统计需求,在资源约束条件下,评估用户需求的必要性和重要程度,确保优先满足最重要的统计需求,并及时向用户反馈评估结果。

(2)深入分析数据来源。根据统计需求,对现有统计调查数据和行政记录、商业记录、地理空间信息,以及各类大数据等其他数据来源进行梳理和评估,分析现有数据来源能够满足用户需求的程度,针对数据缺口研究提出统计调查项目的初步设想以及经费预算需求等,并与相关部门沟通协商。

(3)科学制订项目计划。根据拟新增调查项目的调查目的、调查任务、进度要求、职责分工及人财物和技术等保障条件,科学制订统计调查项目计划。邀请有关专家就统计调查项目的必要性、可行性、预期成果及可能产生的影响等方面进行论证,必要时邀请用户代表参加,保证项目计划符合用户需求,切实可行。

(4)定期开展计划评估。建立与统计用户的交流和沟通机制,及时反馈计划执行情况,广泛征求用户意见,根据新情况、新需求及时调整调查项目计划。

2. 调查设计环节的质量控制

(1)准确确定统计调查范围。根据统计目的合理划分统计调查范围,严格执行统计标准和统计原则,保证调查单位概念清晰、定义准确,基本单位名录库、抽样框全面完整。

(2)合理设计统计调查内容。根据统计需求设计统计调查指标表式,坚持简约、易取得、可核查的原则,保证指标名称规范统一,指标解释通俗易懂,指标计算方法科学合理;保证调查表式(问卷)结构合理、内容简洁、便于填报。

(3)综合利用多种调查方法。坚持科学性和可操作性相结合,合理安排调查频率、调查时间和调查方式,注重成本效益,减轻调查负担。现有统计调查数据和行政记录、商业记录、地理空间信息以及各类大数据等其他数据来源能够满足需求的,不开展新的调查。抽样调查、重点调查、典型调查等能够满足需求的,不开展全面调查。坚持必要性、可行性相结合的原则,科学设计抽样精度和调查网点,合理安排样本轮换工作,保证抽样调查的科学性、稳定性、连续性。

(4)统一搭建数据采集处理平台。积极运用现代信息技术,变革统计生产方式,改进统计生产流程,提高统计调查效率和数据质量。能采用联网直报方式直接获取调查对象基础数据的,不采用传统的逐级上报方式。数据采集处理平台设计应遵循科学的软件开发规范,符合国家信息安全标准,满足统计调查制度需求,保证性能稳定、功能完善、操作方便、界面友好。

(5)科学制定数据评估办法。借鉴国际通行规则,立足统计工作实际,针对数据真实性、准确性、协调性等,制定数据评估办法。广泛征求有关专家意见,对数据评估办法进行研究论证,保证评估办法科学严谨、有理有据、系统配套,评估过程科学、公正、合理,评估结果可追溯、可核查。

(6)统筹安排数据公布工作。秉持用户第一的理念,制定和公开数据发布日程表,明确发布内容、发布时间、发布地点和发布方式等。拓展统计数据传播渠道,注重新媒体的开发利用,积极采用可视化、智能化等方式展示统计数据,保证用户方便、及时获取统计数据。

(7)明确统计调查相关要求。基于统计业务全流程各环节,明确工作任务、职责分工、质量要求和进度安排,保证统计调查工作顺利推进。加强对各环节统计元数据和相关资料的分类管理,保证储存安全。

3.核准备案环节的质量控制

(1)依法申报统计调查项目。国家、地方、部门统计调查项目要依法依规办理核准备案手续。申报材料包括申请核准项目的公文、项目申请书、配套的统计调查制度、拟公开的统计调查制度主要内容等。

(2)准确把握项目基本要求。制定统计调查项目要有充分的立项依据,符合本部门职责,与其他统计调查项目不重复矛盾,服务对象明确,资料用途合理,调查内容清晰,有必要的经费保障,并按会议制度集体讨论决定。重要统计调查项目应当进行试点。

(3)规范开展核准备案工作。管理机构要严格按照统计法律法规审查统计调查项目,在规定时限内,对符合条件的统计调查项目作出予以批准的书面决定,对不符合条件的统计调查项目退回修改或作出不予批准的书面决定。特殊情况应当简化核准备案程序,缩短期限。

（4）及时公布核准备案项目。统计调查项目管理机构应当将核准备案结果及时告知申请部门。通过本级统计机构官方网站和其他媒体及时公布经核准备案的统计调查项目及其统计调查制度的主要内容。涉及国家秘密的统计调查项目除外。

（5）及时检查项目执行情况。统计调查项目管理机构应当定期开展统计调查项目核准备案和执行情况的监督检查。未办理核准备案手续或擅自变更统计调查制度内容的统计调查项目，一经发现责令停止，并依据统计法及其实施条例的有关规定处理。

4.任务部署环节的质量控制

（1）印发统计调查工作文件。经核准备案的统计调查项目，项目申请单位必须按规定正式印发开展统计调查工作的通知及配套的调查制度，调查表（问卷）应标明文号、表号、有效期等法定标识。

（2）落实统计调查保障条件。调查开始前，财务部门应将相关工作经费拨付到位；设备采购部门完成设备购置并分发到位；信息技术部门将软硬件系统配置到位；相关业务部门将工作人员安排到位，明确职责分工，完成操作手册、调查表和调查问卷等相关资料的印发。向社会购买统计调查服务应按相关规定签订合同协议。

（3）确定统计调查对象。相关职能部门及时更新和维护基本单位名录库、行政区划代码库等统计调查基础信息库，并按要求提供给相关业务部门。业务部门严格按照调查制度规定的统计范围，划定调查区域，确定调查对象。

（4）开通数据采集处理平台。完成平台验收部署，分配数据管理权限，做好调查对象身份认证，及时加载历史数据，保证数据采集上报平台按时开通。

（5）做好人员培训。根据实际情况采用会议、网络、视频等方式开展业务培训，培训内容应全面系统、有针对性，保证基层业务人员能够准确理解调查制度，熟练操作软件和硬件设备，灵活运用各种调查技巧。

5. 数据采集环节的质量控制

（1）事前告知调查。数据采集部门在调查前向调查对象发送统计调查告知书，包括调查主要内容、相关注意事项和调查对象的权利义务等，可以通过电话、网络、微信、电子邮件、公告、会议等方式进行。

（2）规范数据采集。严格按照确定的调查对象发放调查表和调查问卷，指导调查对象独立正确填报调查数据、修改差错数据、补充不完整数据，及时解答调查对象的问题和咨询。如遇调查对象发生变更、消亡、不配合等情况，按相关规定处理，并将调查对象变化情况反馈给名录库管理等相关部门。

（3）审核原始数据。按照随报随审的原则，及时接收调查对象的原始数据，对数据完整性、逻辑性等进行审核。经核实确属调查对象填报错误的，应退回原调查对象修改后重新上报，保留修改记录和相关说明。

（4）开展数据质量核查。根据统计调查制度和调查领域、行业特点制订数据质量核查计划，采取有效方式和方法，选择一定数量、不同层次的地区和调查对象进行核查，及时处理核查中发现的问题。

6. 数据处理环节的质量控制

（1）审核接收数据。采用统一的数据采集处理平台或规定的软件，在确保数据安全的工作环境下，对调查数据汇总结果进行计算机审核，保证逻辑性、完整性、准确性。同时进行人工审核，保证数据协调匹配、趋势合理。对其他来源数据进行验收、清洗、转换和整合。

（2）反馈处理问题。在规定时间内查明数据的疑点和问题，如属下级机构数据差错，应按规定及时退回下级机构核实修正；如属调查对象填报错误，应及时退回调查对象核实修正。保留修改痕迹。

（3）依规处理数据。当统计标准、统计口径发生变化时，依据相关制度进行调整，保证数据的可比性和协调性，并作出解释说明。

（4）按时完成任务。配备充足的力量进行数据加工处理，制定切实可行的进度表，强化对数据加工处理每一个环节的时间管理，保证数据处理的时效性。

7. 数据评估环节的质量控制

（1）明确评估职责。数据评估自上而下逐级开展。原则上国家统计局和国务院有关部门负责对全国和分省（区、市）数据的评估，省级以下负责对下一级数据的评估，及时反馈评估结果。

（2）开展数据评估。数据评估按照国际惯例进行，综合运用历史数据比较、横向数据比较、数据偏差分析、相关性分析等多种方法对各种综合数据进行评估，准确把握数据之间的相关性、匹配性和逻辑性。对于评估中发现的问题，依据相关规定处理。评估过程规范统一。

8. 数据公布与传播环节的质量控制

（1）把握工作要求。依据《中华人民共和国统计法》及其实施条例和其他相关规定公布统计数据。除依法应当保密的外，应当及时公开，供社会公众查询。部门统计调查所取得的有关数据资料及时提供统计调查项目管理机构。数据公布前，不得违反国家有关规定对外提供。国家统计数据以国家统计局公布的数据为准。

（2）按时公布数据。严格按照统计数据发布日程表定期公布统计数据。因特殊情况变更日程的，应提前向社会公告，保证数据的时效性。

（3）规范公布内容。严格执行数据公布的有关规定，在公布统计数据的同时，还应公布数据来源、统计方法、统计口径、统计标准、指标概念等，保证社会各界正确理解和使用统计数据。

（4）做好数据解读。做好公布数据变动情况及原因等的分析和解释。统计数据按照有关规定需要进行修订的，应当及时公布修订结果，并对修订依据和情况作出说明，避免数据误读。

（5）拓宽公布渠道。重要统计数据要通过新闻发布会、官方网站和其他媒体同时公布，保证用户获取统计数据的公平性。要充分运用发布会、官方网站、统计出版物、微信客户端等多种渠道及时公布统计数据，保证用户获取统

171

计数据的便捷性。要健全综合数据查询系统，及时更新、加载最新可公开的综合性数据，逐步完善微观数据开放平台，保证最大限度开放统计数据。

（6）加强舆情监测。通过网站、电话、信箱、微信客户端等多种渠道开展舆情监测，及时纠正对统计数据的错误解读和不当使用，及时妥善应对统计舆情突发事件。

（7）深化联系沟通。多渠道向调查对象和统计用户普及统计知识，宣传统计工作的价值和统计数据的用途，主动征求和收集关于统计数据和统计工作的意见和建议，定期回应用户的统计咨询和数据需求。

9. 统计分析环节的质量控制

（1）选好分析题目。根据各级党政领导、有关部门、社会公众等统计用户的需求，紧紧围绕经济社会发展情况，以及重点、热点和难点问题，特别是一些趋势性和苗头性问题，确定统计分析题目和用于分析评价的主要指标，保证统计分析满足用户需求。

（2）深度挖掘数据。综合利用统计调查数据和其他来源数据进行深度分析，运用决策树、聚类分析等数据挖掘分析方法，寻找数据特征、相关关系和变化规律，进行数据汇总和统计推断，衡量经济社会现象的规模、水平、速度、比例关系，预测预判变化趋势，保证统计分析的科学性。

（3）写好分析报告。注重用数据分析问题，深入开展调查研究，提出解决问题的对策建议。报告要使用来源可靠的相关资料，分析方法科学合理、观点清晰、结论明确、文字流畅、形式灵活，保证统计分析报告的质量。

10. 项目评估环节的质量控制

（1）科学制订项目评估计划。按照统计调查项目执行情况评估的有关要求，结合工作实际，制订评估计划，确定评估内容、流程和职责分工，积极推进第三方评估，保证评估的科学性和可操作性。

（2）规范开展项目评估工作。针对统计调查全流程各环节，采用事中与事后评估、定性与定量评估相结合的方式，从统计人员、调查对象、统计用户等多个角度,对统计调查项目执行情况进行评估,保证评估过程科学严谨。

（3）客观评价项目执行效果。按时完成项目评估报告,对统计调查项目质量作出客观评价,指出制度方法、管理规范、业务流程和技术支持等相关工作中存在的问题,提出改进、继续或停止调查的建议,重新进入确定需求环节,保证评估结果科学实用。

第三节 统计数据质量审核方法

一、基于指标本身的审核方法

1. 水平分析

【审核方法】综合运用增长量和平均发展水平,重点审核某一指标某一时间段增长量与平均发展水平之间的差异是否合理。

(1)增长量。增长量是指时间序列中两个不同时期的发展水平之差,反映社会经济现象报告期比基期增加或减少的数量,即式(7-1)

采用的基期不同,增长量有以下两种:

①逐期增长量:是报告期水平与前一期水平之差,说明报告期比前一时期增长的绝对数量。可以表示为

$$y_2 - y_1, \ y_3 - y_2, \ \cdots, \ y_n - y_{n-1} \qquad (7-19)$$

②累计增长量:是报告期水平与某一固定时期水平之差,说明本期比某一固定时期增长的绝对数量,也说明在某一较长时期内总的增长量。可以表示为

$$y_2 - y_1, \ y_3 - y_1, \ \cdots, \ y_n - y_1 \qquad (7-20)$$

【应用场景】增长量、累计增长量主要用于反映一定时期公路水路基础设施拥有量、运输装备保有量、客货运输量、港口吞吐量的变化。如截至2021年年底,公路里程比2020年末增长8.26万公里,与2016年末相比,公路里程累计增长量为58.55万公里。

(2)平均发展水平。将不同时期的发展水平加以平均得到的平均数称为平均发展水平,也称序时平均数或动态平均数。不同序列平均发展水平的计算方法不同。

时期序列的平均发展水平：

$$\bar{y} = \frac{y_1 + y_2 + \cdots + y_n}{n} = \frac{\sum\limits_{i=1}^{n} y_i}{n} \qquad (7\text{-}21)$$

时点序列的平均发展水平：

$$\bar{y} = \frac{\frac{y_1 + y_2}{2} \times f_1 + \frac{y_2 + y_3}{2} \times f_2 + \cdots + \frac{y_{n-1} + y_n}{2} \times f_{n-1}}{f_1 + f_2 + \cdots + f_{n-1}} \qquad (7\text{-}22)$$

$$\bar{y} = \frac{\frac{y_1}{2} + y_2 + y_3 + \cdots + \frac{y_n}{2}}{n-1} \qquad (7\text{-}23)$$

相对数和平均数时间序列的平均发展水平：

$$\bar{z} = \frac{\bar{y}}{\bar{x}} \qquad (7\text{-}24)$$

【应用场景】发展水平主要用于反映整体或不同地区公路水路基础设施、运输装备保有量、客货运输量、港口吞吐量的平均发展变化情况。例如，2016—2021年，公路里程年均增长11.72万公里。

2. 速度分析

【审核方法】重点分析不同时间段的发展速度、增长速度，聚焦速度变化是否合理，并以此为依据审核数据的准确性。

（1）发展速度。发展速度是表明现象发展程度的动态相对指标，是两个不同时期的发展水平对比的结果。计算方法见式（7-2）。

环比发展速度是报告期水平与前一期水平之比，反映了现象逐期发展变化的速度；定基发展速度是报告期水平同某一固定时期水平之比，表明现象在较长时期内总的发展变化速度，又称总速度。

同比是以上年同期为基期相比较，计算得出发展速度；环比是与上一个统计周期相比较，计算得出发展速度。

（2）增长速度。增长速度［式（7-3）］是表明现象增长程度的动态相对指标，是增长量与基期水平对比的结果。

同比增长率是以上年同期为基期相比较，计算得出增长速度；环比增长率是与上一个统计周期相比较，计算得出增长速度。

【应用场景】发展速度和增长速度主要用于反映客货运输量、港口吞吐量等与经济密切相关的指标变化速度，一般发展速度快表明经济形势好。如2021年，交通运输行业完成营业性货运量521.60亿吨、增长12.3%。

（3）平均发展速度和平均增长速度。平均发展速度是一定时期内各个环比发展速度的平均数，说明某种现象在一个较长时期内逐期平均发展变化的程度。平均增长速度是各个环比增长速度的平均数，是根据平均发展速度计算的，说明某种现象在一个较长时期内逐期平均增长变化的程度。

平均发展速度与平均增长速度之间的关系见式（7-5）。

平均发展速度一般用几何平均法计算，以环比发展速度为变量，以环比发展速度的个数为变量值个数计算。计算公式为

$$\bar{x} = \sqrt[n]{x_1 \cdot x_2 \cdots x_n} = \sqrt[n]{\frac{y_1}{y_0} \cdot \frac{y_2}{y_1} \cdots \frac{y_n}{y_{n-1}}} \qquad (7-25)$$

式中：x_i 表示第 i 年的发展速度；y_i 表示第 i 年的发展水平；$\bar{x}$ 表示平均发展速度。

由于环比发展速度的连乘积等于相应的定基发展速度，因此平均发展速度公式也可写成：

$$\bar{x} = \sqrt[n]{\frac{y_n}{y_0}} \qquad (7-26)$$

【应用场景】平均发展速度和平均增长速度主要用于反映客货运输量、港口吞吐量等与经济密切相关的指标平均变化速度，一般平均发展速度越快表明经济发展得越好。如"十三五"时期港口货物吞吐量年均增速为2.7%，高速公路里程年均增速为5.4%。

3. 指数分析

指数分析法中的指数是指反映社会经济现象变动情况的相对数。有广义和狭义之分。根据指数所研究的范围不同可以有个体指数、类指数与总指数之分。

指数的作用:一是可以综合反映复杂的社会经济现象的总体数量变动的方向和程度;二是可以分析某种社会经济现象的总变动受各因素变动影响的程度,这是一种因素分析法。操作方法是:通过指数体系中的数量关系,假定其他因素不变,来观察某一因素的变动对总变动的影响。

用指数进行因素分析。因素分析就是将研究对象分解为各个因素,把研究对象的总体看成各因素变动共同的结果,通过对各个因素的分析,对研究对象总变动中各项因素的影响程度进行测定。因素分析按其所研究的对象的统计指标不同可分为对总量指标的变动的因素分析、对平均指标变动的因素分两种析。

4. 预测分析

根据已知的过去和现在推测未来,就是预测分析。预测分析宏观经济决策和微观经济决策,不仅需要了解经济运行中已经发生了的实际情况,而且更需要预见未来将发生的情况。

(1)回归分析法。回归分析是研究变量(目标)和自变量(预测值)之间的关系。这种技术通常用于预测和分析时间序列模型,以及变量之间的因果关系。从所处理的变量多少来看,回归分析可分为简单回归分析和多元回归分析两种;从变量之间的关系形态来看,可分为线性回归分析和非线性回归分析两种。

常用的回归分析法有一元线性回归、多元线性回归。当 $y = f(x)$ 的形式是一个直线方程时,称为一元线性回归。这个方程一般可表示为 $y = a + bx$。如果只有一个自变量 x,而且因变量 y 和自变量 x 之间的数量变化关系呈近似线性关系，就可以建立一元线性回归模型，由自变量 x 的值来预测因变量 y 的值，这就是一元线性回归预测。模型如下：

$$y_i = \alpha + \beta x_i + \varepsilon_i \tag{7-27}$$

其中 α、β 是常数。随机扰动项 ε_i 是无法直接观测的随机变量。

多元线性回归模型为

$$y_i = b_0 + b_1 x_1 + b_2 x_2 + ... + b_i x_i + \mu_i \tag{7-28}$$

【应用场景】为研究水路货运量受哪些因素影响，筛选出了对水路货运量产生较大影响的因子，有入境外国船舶流量（艘）、境内中国船舶流量（艘）、出口总额（亿美元）、进口总额（亿美元）和平均运距（公里）（顺次记为 x_1、x_2、x_3、x_4、x_5），采用多元线性回归方法构建水路货运量的回归模型如下：

$$Y = 45\,228.619\,508 + 0.016\,206\,x_2 + 8.726\,59\,x_3 - 13.057\,552\,x_5$$

模型显示，水路货运量主要受中国籍船舶活跃程度、出口总额影响。该分析有助于更加辩证认清新形势下水路运输生产的现实问题，更好科学研判水路运输生产走势。

（2）移动平均法。移动平均法是通过对不存在季节性的平稳时间序列逐期递移求得平均数作为预测值的一种预测方法，其方法主要分为简单移动平均法和加权移动平均法。简单移动平均法是将最近的 k 期数据加以平均，作为下一期的预测值。设移动间隔为 k（$1<k<t$），则 t 期的移动平均值为

$$\overline{Y_t} = \frac{Y_{t-k+1} + Y_{t-k+2} + ... + Y_{t-1} + Y_t}{k} \tag{7-29}$$

$t+1$ 期的简单移动平均预测值为：

$$F_{t+1} = \overline{Y_t} = \frac{Y_{t-k+1} + Y_{t-k+2} + ... + Y_{t-1} + Y_t}{k} \tag{7-30}$$

【应用场景】用移动平均法预测2022年各月港口货物吞吐量的绝对量，分别选取移动间隔 $k=3$ 和 $k=5$，预测结果见表7-1。

表7-1　2022年各月港口货物吞吐量移动平均预测结果

月份	港口货物吞吐量	$k = 3$			$k = 5$		
		移动平均预测	预测误差	预测误差平方	移动平均预测	预测误差	预测误差平方
2022年1月	13.0						
2022年2月	10.6						
2022年3月	12.7						
2022年4月	12.7	12.10	0.64	0.41			
2022年5月	13.5	12.01	1.45	2.10			
2022年6月	13.3	12.98	0.32	0.10	12.50	0.80	0.63
2022年7月	13.4	13.17	0.23	0.05	12.56	0.84	0.71
2022年8月	13.2	13.39	−0.14	0.02	13.13	0.12	0.01
2022年9月	13.1	13.31	−0.22	0.05	13.23	−0.14	0.02
2022年10月	13.8	13.25	0.55	0.30	13.30	0.49	0.24
2022年11月	13.8	13.38	0.42	0.17	13.37	0.43	0.18
2022年12月	13.7	13.56	0.16	0.02	13.46	0.25	0.06
合计				3.23			1.86

比较两个移动间隔预测出的的值,3期的移动平均的均方误差为0.36,5期的移动平均的均方误差为0.27,可见5期较3期预测效果好。

(3)指数平滑法。指数平滑法是对平稳序列中过去的观察值加权平均进行预测的一种方法,该方法使 $t + 1$ 期的预测值等于 t 期的实际观察值与 t 期的预测值的加权平均值。指数平滑法是加权平均的一种特殊形式,观察值的时间越远,其权数呈现指数下降,因而称为指数平滑。它可以去除随机的波动,从而找到其中的显而易见的规律性,并对未来的发展趋势进行合理的预测,适用于短期预测。指数平滑法分为一次指数平滑法、二次指数平滑法、三次指数平滑法等。

一次指数平滑法也称为单一指数平滑法,只有一个平滑系数,而且观察值离预测时期越久远,权数变得越小。一次指数平滑法将一段时间内的预测值与观察值的线性组合作为 $t+1$ 期的预测值,其预测模型为

$$F_{t+1} = \alpha Y_t + (1-\alpha)F_t = F_t + \alpha(Y_t - F_t) \qquad (7\text{-}31)$$

式中:Y_t 为 t 期的实际预测值;F_t 为 t 期的预测值;α 为平滑系数($0 < \alpha < 1$)。通常情况下设 F_1 等于1期的实际观察值,即 $F_1 = Y_1$。因此2期的预测值为

$$F_2 = \alpha Y_1 + (1-\alpha)F_1 = \alpha Y_1 + (1-\alpha)Y_1 = Y_1 \qquad (7\text{-}32)$$

3期的预测值为

$$F_3 = \alpha Y_2 + (1-\alpha)F_2 = \alpha Y_2 + (1-\alpha)Y_1 \qquad (7\text{-}33)$$

4期的预测值为

$$F_4 = \alpha Y_3 + (1-\alpha)F_3 = \alpha Y_3 + \alpha(1-\alpha)Y_2 + (1-\alpha)^2 Y_1 \qquad (7\text{-}34)$$

【应用场景】用指数平滑法预测2022年各月港口货物吞吐量的绝对量,分别选取平滑系数 $\alpha = 0.3$ 和 $\alpha = 0.5$,预测结果见表7-2。

表7-2　2022年各月港口货物吞吐量指数平滑法预测结果

月份	港口货物吞吐量	$\alpha = 0.30$			$\alpha = 0.50$		
		指数平滑预测	预测误差	预测误差平方	指数平滑预测	预测误差	预测误差平方
2022年1月	13.00	—	—	—	—	—	—
2022年2月	10.60	13.01	-2.44	5.96	13.01	-2.44	5.96
2022年3月	12.70	12.28	0.45	0.20	11.79	0.94	0.88
2022年4月	12.70	12.41	0.33	0.11	12.26	0.48	0.23
2022年5月	13.50	12.51	0.95	0.90	12.50	0.96	0.92
2022年6月	13.30	12.80	0.50	0.25	12.98	0.32	0.10
2022年7月	13.40	12.95	0.45	0.21	13.14	0.26	0.07
2022年8月	13.20	13.08	0.16	0.03	13.27	-0.02	0.00
2022年9月	13.10	13.13	-0.04	0.00	13.26	-0.17	0.03
2022年10月	13.80	13.12	0.67	0.45	13.17	0.62	0.38

续表

月份	港口货物吞吐量	$\alpha = 0.30$			$\alpha = 0.50$		
		指数平滑预测	预测误差	预测误差平方	指数平滑预测	预测误差	预测误差平方
2022 年 11 月	13.80	13.32	0.47	0.22	13.48	0.31	0.10
2022 年 12 月	13.70	13.46	0.25	0.06	13.64	0.08	0.01
合计	—	—	—	8.40	—	—	8.68

比较两种平滑系数得出的预测误差方差,$\alpha = 0.30$ 的预测效果较好。在之后的预测中可以优先选择平滑系数为 0.30 的指数平滑模型进行预测。

(4)季节变化分析。季节性也称季节变动,它是时间序列在一年内重复出现的周期性波动。季节变动是一种极为普遍的现象,是气候条件、生产条件、节假日或风俗习惯等各种因素作用的结果。交通运输存在明显的季节性。含有季节成分的序列可能含有趋势,也可能不含有趋势。

在预测含有季节性的序列时,可以使用时间序列分解法预测。第 1 步确定并分离季节成分。计算季节指数,以确定时间序列中的季节成分,然后将季节性成分从时间序列中分离出去,以消除季节性,即用每一个时间序列值除以相应的季节指数。季节指数可用移动平均趋势剔除法、直接平均季节指数法计算。第 2 步建立预测模型。对消除了季节成分的时间序列建立适当的预测模型,并根据这一模型进行预测。第 3 步计算出最后的预测值。用预测值乘以相应的季节指数,得到最终的预测值。

(5)线性趋势预测分析。线性趋势是指现象随着时间的推移而呈现出稳定增长或下降的线性变化规律。当现象的发展按线性趋势变化时,可以用下列线性趋势方程来描述:

$$\widehat{Y}_t = b_0 + b_1 t \tag{7-35}$$

式中:$\widehat{Y}_t$ 是 Y_t 的预测值;t 是时间;b_0 是趋势线在 Y 轴上的截距;b_1 是斜率,表示 t 变动一个时间,观察值的平均变动数量。

（6）非线性趋势预测分析。

①指数曲线：指数曲线用于描述以几何级数递增或递减的现象，即时间序列的观察值 Y 按指数规律变化，或者说时间序列的逐期观察值按一定的增长率增长或衰减。指数曲线的趋势方程为

$$\widehat{Y}_t = b_0 b_1^t \tag{7-36}$$

式中：b_0,b_1 为待定系数。若 $b_1>1$，则增长率随着时间 t 的增加而增加；若 $b_1<1$，则增长率随着时间 t 的增加而降低。

②多阶曲线：有些现象的变化形态比较复杂，不是按照某种固定的形态变化，而是有升有降，在变化过程中可能有几个拐点。这时就需要拟合多项式函数。当有 $k-1$ 个拐点时，需拟合 k 阶曲线。k 阶曲线函数的一般形式为

$$\widehat{Y}_t = b_0 + b_1 t + b_2 t^2 + ... + b_k t^k \tag{7-37}$$

5. 对标分析

【审核方法】假定一样本集，与样本集中大多数样本相比，重点审核某一样本某一指标数值是否合理。

（1）样本对标。

【应用场景】某一地区，某一类型企业中，某个企业的指标特征与其他同类企业相比，是否一致。例如，A县有多家出租企业，其中一家出租企业的载客人次系数（客运量/载客车次）明显高于其他企业，这个时候就需要复核该家企业有关出租客运量和载客车次数据的准确性。

（2）地区对标。

【应用场景】分析多个地区同一个指标的特征是否一致。例如，某地区有10个县，其中一个县的出租汽车平均载客人次系数（客运量/载客车次）明显高于其他县，这时候就需要对该县数据进行复核。

6. 结构分析

【审核方法】在统计分组的基础上，计算各组成部分所占比率，进而分析某一总体现象的内部结构特征依时间推移而表现出变化规律，审核变化规律是

否异常。

【应用场景】一般高速公路车流量与货运量变化趋势一致,如果不一致,就要分析分车型结构的车流量与货运量数据变化及对总量的影响。

(1)比例结构分析法。

【审核方法】分析一定时期内总体中某类指标的占比变化情况。

占比(%)=(某类指标数据/总体值)×100%。

可以表示为

$$X_i = \frac{y_i}{Y} \times 100\% \qquad\qquad (7-38)$$

【应用场景】选定一段时期(可以是几个月、几个季度、几年、分年分月、分年分季度),查看总体中某类指标占比变化是否出现异常波动。示例见表7-3。

表7-3　X_i分月占比情况

月份	X_i	备注
1月	58%	
2月	56%	
3月	57%	
4月	59%	
5月	55%	
6月	58%	
7月	57%	
8月	80%	异常
9月	70%	异常
10月	55%	
11月	56%	
12月	59%	

从表7-3可以看出,8月、9月数据有异常,需要复核。

（2）贡献率分析法。

【审核方法】综合运用增长量分析和时间序列分析方法，分析总体增长变化中各因素作用的程度。用公式表示为

$$y的贡献率 = \frac{\Delta y}{\Delta Y} \times 100\% = \frac{y_t - y_{t-1}}{Y_t - Y_{t-1}} \times 100\% \qquad (7-39)$$

式（7-43）中，假定 t 为当期，那么 y_t 为当期的因素值，y_{t-1} 为上期的因素值，Y_t 为当期的总体值，Y_{t-1} 为上期的总体值。

【应用场景】选定一段时期（可以是几个月、几个季度、几年、分年分月、分年分季度），查看总体增长变化中各因素作用程度的变化情况。示例见表7-4。

表7-4　第一、二、三产业贡献率情况

单位：%

年份	第一产业贡献率	第二产业贡献率	第三产业贡献率
2012	5.2	49.9	44.9
2013	4.3	48.5	47.2
2014	4.7	47.8	47.5
2015	4.6	42.4	52.9
2016	4.4	37.4	58.2

（3）拉动点分析法。

【审核方法】综合运用增长量分析和时间序列分析方法，分析总体增长变化中各因素对总体增速的贡献。用公式表示为

$$总体增长速度X = \frac{报告期水平Y_t}{基期水平Y_{t-1}} \times 100\% - 1 \qquad (7-40)$$

$$总体增速中因素y的拉动点 = \frac{\Delta y}{\Delta Y} \times X \times 100\% \qquad (7-41)$$

【应用场景】选定一段时期（可以是几个月、几个季度、几年、分年分月、分年分季度），查看各因素对总体增速的贡献情况。示例见表7-5。

表 7-5　GDP 增速及第一、二、三产业贡献率情况

单位:%

年份	GDP 增速	第一产业贡献率	第二产业贡献率	第三产业贡献率
2012	7.9	0.4	3.9	3.5
2013	7.8	0.3	3.8	3.7
2014	7.3	0.3	3.5	3.5
2015	6.9	0.3	2.9	3.7
2016	6.7	0.3	2.5	3.9

7. 区间判断

【审核方法】给定经验值判断区间,重点审核指标本身数值、指标同比(环比)增速等是否超出区间范围,判断数据是否异常。

【应用场景】不同地区的旅客(货物)平均运距,可以根据各地区特点,设定区间,如某地区的一个旅客(货运)企业报送的平均运距超出本地区的平均运距区间(表7-6),那么该企业的数据就需要复核。

平均运距计算公式如下:

$$旅客平均运距 L_客 = \frac{旅客周转量 T_客}{客运量 S_客} \qquad (7\text{-}42)$$

$$货物平均运距 L_货 = \frac{货物周转量 T_货}{货运量 S_货} \qquad (7\text{-}43)$$

表 7-6　某市各企业平均运距情况

某市旅客运输企业	平均运距 $L_客$/公里	备注
全市合计	51	$L_客$ 基本处于〔48,53〕区间
A 企业	50	
B 企业	51	
C 企业	49	
D 企业	48	

续表

某市旅客运输企业	平均运距$L_{客}$/公里	备注
E企业	60	超出区间,异常
F企业	70	超出区间,异常
G企业	53	
H企业	52	

二、基于指标之间的审核方法

1. 趋势比较

【审核方法】比较同类属性指标的变化趋势,重点审核变化趋势是否一致。

【应用场景】港口货物吞吐量与水路货运量属性基本相同,指标数据的准确性可以通过查看同比增速变化情况互相校核。

2. 比较分析法

比较分析法又称指标对比分析法,是统计分析中最常用的方法。是通过有关的指标对比来反映事物数量上差异和变化的方法。有比较才能鉴别。单独看一些指标,只能说明总体的某些数量特征,得不出什么结论性的认识;一经过比较,如与国外、外单位比,与历史数据比,与计划相比,就可以对规模大小、水平高低、速度快慢作出判断和评价。

指标分析对比分析方法可分为静态比较和动态比较分析两种。静态比较是同一时间条件下不同总体指标比较,如不同部门、不同地区、不同国家的比较,也叫横向比较。动态比较是同一总体条件不同时期指标数值的比较,也叫纵向比较。

静态比较和动态比较分析方法既可单独使用,也可结合使用。进行对比分析时,可以单独使用总量指标或相对指标或平均指标,也可将它们结合起来进行对比。比较的结果可用相对数,如百分数、倍数、系数等,也可用相差的绝对数和相关的百分点(每1%为一个百分点)来表示,即将对比的指标相减。

【应用场景1】港口货物吞吐量增速是否合理,可以通过对比查看水路货运量以及海事船舶进出港报告生成的区域水运货运量来验证,如图7-1所示。

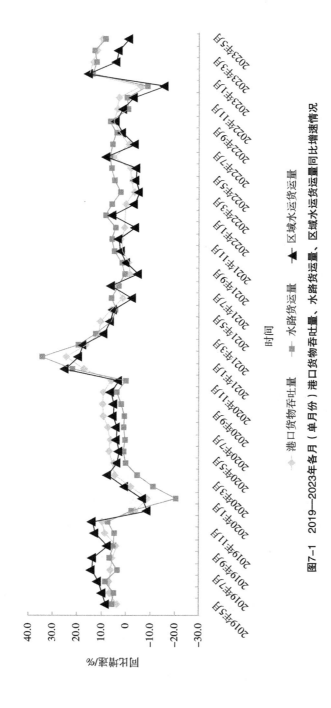

图7-1　2019—2023年各月（单月份）港口货物吞吐量、水路货运量、区域水运货运量同比增速情况

【其他应用场景】一个投资建设项目的进度是否合理,通过计划完成情况(完成/计划)就可以查看;能耗数据的准确性,可以通过计算单位周转量能耗来判断;完成投资的准确性可以通过审核工程造价(完成投资/能力)来判断;判断某个月公路水路货运量增速是否合理,可通过与去年同期增速或者上月增速比较。

3. 弹性系数分析

弹性是一个经济学名词,由英国近代经济学家、新古典学派创始人阿尔弗雷德·马歇尔(Alfred Marshall)提出,是指一个变量相对于另一个变量发生的一定比例改变的属性,也就是一个变量对另一个变量变化的反应程度。

弹性系数则是对弹性大小进行衡量的指标,表示两个变量变动情况的依存关系。

$$ET = \frac{\Delta Y/Y}{\Delta X/X} \tag{7-44}$$

ΔY是变量Y的增长量,ΔX是变量X的增长量。当两个变量的变动方向相反时,弹性系数为负数。当弹性系数的绝对值大于1时,说明富有弹性,反应程度较大;当弹性系数的绝对值小于1时,说明缺乏弹性,反应程度较小。当弹性系数的绝对值正好等于1时,说明两个变量同比例变动,具有单位弹性。

【应用场景】高速公路交通流量与ETC收费额之间,一般在收费标准不变的情况下,高速公路车流量变化趋势与ETC收费额变化趋势是一致的,车流量越大,收费额越多,相互之间富有弹性。

4. 相关性检验

两个指标之间相关性越强,那么变化趋势总体上一般一致。

Pearson相关系数是用来度量两个定量变量x和y之间的线性相关程度,计算公式为

$$r = \frac{\sum(x_i - \bar{x})(y_i - \bar{y})}{\sqrt{\sum(x_i - \bar{x})^2}\sqrt{\sum(y_i - \bar{y})^2}} \tag{7-45}$$

【应用场景】相关性主要反映指标间的关联度,目前与货运量相关度较高的关联指标有GDP、高速公路车货总重等。例如,以2021年6月—2022年5月的货运量同比增速、高速公路车货总重同比增速、普通国省道货车流量同比增速为例,计算得出货运量同比增速与高速公路车货总重同比增速的相关系数 $r = 0.8737$,货运量同比增速与普通国省道货车流量同比增速的相关系数 $r = 0.9635$。说明货运量同比增速和高速公路车货总重同比增速、普通国省道货车流量同比增速之间有很强的正相关关系。

5. 综合评价法

综合评价指运用多个指标对参评对象进行评价的方法,具体步骤如下:

(1)确定评价指标体系。

(2)收集数据,对不同计量单位的数值进行无量纲化处理。

(3)确定各指标的权数。

(4)汇总各指标,计算综合分值,并据此做出综合评价。

第四节　统计数据质量的保障措施

防范和惩治统计造假、弄虚作假，保障统计数据质量，责任重于泰山。要坚持问题导向、目标导向，坚持标本兼治、综合施策，聚焦统计造假突出领域、重点区域、主要方式，综合采取全面自查、重点抽查、执法检查、通报曝光等多种措施，上下联动、内外协同、多管齐下开展集中纠治，切实做到必查权力干预、必查"数据寻租"、必查执法不严、必查入退库等，建立健全防惩统计造假长效机制，持续巩固深化专项整治成果，推动数据质量不断提升，更好地支撑管理决策。

（一）坚持依法统计、依法治统

严格遵守《中华人民共和国统计法》及实施条例、《交通运输统计管理规定》等法律法规规章，依法依规执行统计调查制度，不随意调整统计范围、调查内容、调查频率，不私自开展统计调查增加基层负担，不要求下级机构或调查对象按照指定数值填报数据，不随意调用调查对象报送的统计数据作为各项评比表彰和资格认定依据。

（二）压紧压实统计数据质量责任

严格落实防范和惩治统计造假、弄虚作假责任，明确责任追究情形，建立数据质量责任清单，坚持"谁生产数据、谁负直接责任；谁汇总数据、谁负监管责任"，逐级夯实统计数据质量责任，确保责任到岗到人。

（三）建立防惩统计造假责任体系

建立防范和惩治统计造假、弄虚作假的责任体系，明确造假行为的惩治措施和有关要求，逐级夯实责任，确保统计相关人员心有戒惧、不触红线。

（四）强化数据质量全链条管控

突出源头治理,不断提升基层调查对象报送数据质量。一是加强统计标准规范建设,科学界定主要统计指标含义、统计范围、统计分组及计算方法,规范报送组织及流程,在此基础上建立具备统领性、规范性、指导性的交通运输统计实务规范,作为各级统计人员开展统计工作的工具书,在源头上为数据质量保驾护航。二是不断推进统计数据生产方式变革,提高统计生产效能,持续巩固"一套表"联网直报主渠道作用,强化公路水路基本单位和车船名录库建设管理,定期与运政、水路、海事相关业务系统数据库进行比对,夯实统计数据采集基础,同时推动运用大数据技术,利用高速公路收费数据、公路交通量监测数据等实时监测数据和业务数据辅助生产、校核公路货运量统计数据,利用海事船舶进出港报告和AIS船舶轨迹数据等转化生成内河货运量统计数据,建立港口吞吐量统计监测模型,实现业务数据与统计数据深度融合与分析应用。三是规范统计报送体系,推动实现行业统计数据生产报送的归口管理,避免出现多头报送、数出多门。四是夯实统计基层基础,加强对统计基层基础工作的组织领导,强化基层统计人员教育培训,确保基层统计人员业务精、本领强。

强化过程监管,加大统计数据质量审核力度(表7-7)。严格数据质量过程管控,运用数据质量系统治理思维,"以制度保障为基础,以过程控制为抓手,以评估体系为核心,以核查机制为促进",达到统计数据质量管理无死角。一是建立涵盖"生产—上报—发布"的全链条统计数据逐级审核机制,实现层层审核、逐级汇总。二是主要指标数据建立会审机制,成立以统计业务管理部门、数据生产部门、重点数据填报单位和有关专家组成的工作组,定期对数据进行会审,严把数据出口关。三是不断优化完善审核方法体系,在规范统计范围、口径、计算方法、指标间逻辑关系的基础上,建立健全审核方法理论,明确数据审核佐证材料,实现审核有方法、有依据、有规范。

表7-7　数据质量控制与审核措施

审核动作	具体措施
数据审核验收	实施严格的数据审核验收制度,包括:统计调查范围、方法和数量符合既定要求;指标填写无遗漏、无计算错误;指标变化趋势合理(同比、环比等);指标结构构成合理;与关联指标匹配;与不同来源数据相互验证等
数据质量抽查	根据统计调查制度和各专业特点制定数据质量抽查制度,采取有效方式和方法,选择一定数量、不同层次的地区和调查对象进行数据质量抽查
数据处理方法	保证数据加工处理方法科学合理;充分测试数据处理软件,保证数据处理软件高度可靠

　　加强事后评价,强化跟踪评估(表7-8)。一是持续优化完善公路水路及城市客运统计工作量化测评体系,鼓励具备条件的专业领域开展测评,适时组织薄弱领域统计数据质量专项调研,引导形成更大合力。二是建立涵盖统计数据生产事前、事中、事后全过程的统计数据质量评估和核查制度,明确核查对象、目的、内容及方式方法,科学运用核查结果,不断完善统计调查制度、统计调查方法,持续规范统计标准。

表7-8　公路运输统计数据质量评估措施

评估动作	具体措施
统计环境评估	从能力建设(人力、经费、办公条件)、制度建设(保密管理制度、质量管理制度、数据公布制度等)、工作开展情况(业务培训情况、信息化应用情况、资料存档情况)等层面进行评估
源头数据评估	从采集方法可靠性(充分利用信息化方法采集、调查对象确定及替代方法合理)、采集数据时效性、采集数据完整性(采集数据量满足要求、数据指标填写完整)、采集数据真实性(数据审核合理、与不同来源数据相互印证、抽查情况属实)、采集数据准确性进行评估

续表

评估动作	具体措施
审核处理评估	从方法全面性(实施原始数据抽查、不同来源数据验证、计算机审核多种方法)、流程控制合理性、处理过程严密性(原始数据问题必须由数据采集部门核实修改)等角度进行评估
统计推算评估	从推算方法的科学性、误差控制的合理性、统计结果有效性(符合要求的口径、计算方法)等角度进行评估

主要参考文献

[1]交通部.公路、水路、港口主要统计指标及计算方法规定[M].北京:人民交通出版社,2002.

[2]国家统计局.中国主要统计指标诠释[M].北京:中国统计出版社,2013.

[3]交通运输部.交通运输部门统计调查制度[Z].国统制[2024]8号.

[4]交通运输部.交通运输企业统计调查制度[Z].国统制[2024]8号.

[5]国家统计局.国家统计质量保证框架(2021)[Z].

[6]中华人民共和国国务院.中华人民共和国公路法[S].

[7]交通运输部.公路工程技术标准(JTG B01—2014)[S].

[8]交通运输部.农村公路建设管理办法(交通运输部令2018年第4号)[S].

[9]国家标准化管理委员会.机动车运行安全技术条件(GB 7258—2017)[S].

[10]交通运输部.中华人民共和国道路运输条例[S].2023.

[11]交通运输部.综合客运枢纽分类分级(JT/T 1112—2017)[S].

[12]交通运输部.道路旅客运输及客运站管理规定(交通运输部令2020年第17号)[S].

[13]交通运输部.汽车客运站级别划分和建设要求(JT/T 200—2020)[S].

[14]交通运输部.营运客车类型划分及等级评定(JT/T 325—2018)[S].

[15]交通运输部.小微型客车租赁经营服务管理办法(交通运输部令2020年第22号)[S].

[16]交通运输部.道路货物运输及站场管理规定(交通运输部令2022年第30号)[S].

[17]交通运输部.道路货物运输车辆类型划分(JT/T 1274—2019)[S].

[18]国家标准化管理委员会.道路运输术语(GB/T 8226—2008)[S].

[19]国家标准化管理委员会.机动车运行安全技术条件(GB 7258—2017)[S].